Les Publications de l'Université Euromed de Fès

FUSION
DES HORIZONS

Rachid Boudri
& Omar Benjelloun Andaloussi

PENSER LA CONSOMMATION

LES FONDAMENTAUX DE L'EXPÉRIENCE CLIENT

AF854700

L'Harmattan

ACC
ALLIANCE OF CIVILIZATIONS CHAIR
CHAIRE ALLIANCE DES CIVILISATIONS

UEMF
EUROMED UNIVERSITY OF FES
UNIVERSITÉ EUROMED DE FÈS

© L'Harmattan, 2025
5-7, rue de l'École-Polytechnique ; 75005 Paris
http://www.editions-harmattan.fr
ISBN : 978-2-336-54006-1
EAN : 9782336540061

INTRODUCTION GÉNÉRALE

« Si les consommateurs sont irrationnels, il est encore plus irrationnel de ne pas étudier comment ils raisonnent ».

Claude Fischler

Lors d'une MasterClass[1] intitulée : " Philosophies du bonheur et stratégies consommatoires ", Benoit Heilbrunn[2] constata un fait bien douloureux sur l'historique de la pensée consommatoire, comme quoi, cette dernière n'a jamais réellement intéressée de vrais penseurs et/ou de vrais philosophes ! De là, il relate sa propre expérience avec les plus grands directeurs de marque qui nient toute intention ou intérêt vis à vis d'une philosophie de la consommation.

A plus forte raison, il dénonce une incompréhension mutuelle entre l'univers académique des plus grands penseurs contemporains de la consommation et l'univers managérial des plus grandes marques. Pourtant, une philosophie de la consommation ne peut que peaufiner davantage la réflexion sur cette dernière tout en essayant de répondre à un ensemble de questions telles que :

- Qu'est-ce qu'on entend par la consommation ?
- Quel sens ont les biens de consommation dans notre existence ?
- Quelle valeur (au-delà de la valeur économique) peut-on leurs attribuer ?
- Qu'est-ce qu'on entend par la valeur expérientielle de la consommation ?

---

[1] C'est un anglicisme couramment utilisé pour désigner un cours de perfectionnement et de partage d'expérience donné par l'expert d'une discipline.
[2] Benoît Heilbrunn est philosophe et professeur de marketing à l'ESCP Europe. Il est notamment l'auteur de plusieurs « *Que sais-je ?* » aux PUF (Le Packaging, La Marque, Le Logo) et du *Marketing pour les nuls*, chez First, *L'Obsession du bien-être, La consommation et ses sociologies*, etc.

- Que nous disent les biens des rapports entre les personnes ?

A priori, la définition qu'avance Benoit Heilbrunn de la consommation est la suivante : « la consommation est une nouvelle façon de parler des relations entre les êtres – qu'ils soit humains ou non humains- et que finalement elle revoie à des médiations physiques et symboliques et qui sont définitoires et essentielles dans les relations que nous entretenons avec les autres et avec nous-même ».

En fait, cette conception de la consommation n'a presque rien de nouveau et ne fait que cimenter l'idée de départ du philosophe de l'esthétique Jacques Rancière[3], qui la trouve – tout pareillement- comme une simple façon de partager le sensible entre nous. Par ailleurs, Paul Ricœur[4] la lie forcement à la question éternellement sans réponse à caractère existentialiste, à savoir, celle du bonheur. Dans la même veine, Benoit Heilbrunn reprend ce lien et montre que l'économie des marques d'aujourd'hui y jouent un rôle essentiel, en créant une échelle d'être orientée vers la question de la félicité. Autrement dit, le bonheur est devenu un truisme de la société de consommation, en faisant croire à la masse que le couple bonheur et consommation est inséparable et vont même de pair, alors qu'en réalité c'est beaucoup plus complexe que ça.

Pour y voir plus claire, le chemin académique semble être le moins risqué[5]. En fait, il semblerait que toutes les questions

---

[3] Né le 10 juin 1940 à Alger, Jacques Rancière est un philosophe français qui travaille principalement sur la politique et l'esthétique, professeur à l'Université de Paris VIII jusqu'à sa retraite comme professeur émérite en 2000.

[4] Paul Ricœur, né le 27 février 1913 à Valence et mort le 20 mai 2005 à Châtenay-Malabry, est un philosophe français. Il s'inscrit dans les courants de la phénoménologie et l'herméneutique, en dialogue constant avec les sciences humaines et sociales.

[5] En effet, tout un domaine de la recherche académique sur la consommation s'est installé aux États Unis dès 1929. Stuart Chase alors économiste à caractère polymathe s'allie à Frederick J. Schlink un militant américain des droits des consommateurs pour publier le livre à grand succès "*Your Money's Worth: a study in the waste of the Consumer's Dollar*". Cet écrit suscita un engouement sans précédent auprès des communautés des consommateurs, ces dernières, réclament ainsi plus de tests de produits avant leurs mises sur le marché.

relatives à l'étude de la consommation sont chapeautées par le courant de la *Consumers' Research*. Il s'agit d'une organisation, d'une idéologie et d'un secteur de recherche des plus prolifiques et influents dans la recherche scientifique en marketing. Transcendant l'aspect organisationnel, Morris B. Holbrook est considéré comme l'un de ses représentes les plus fidèles, marquant ainsi sa polyvalence indiscutable. Plus particulièrement, le cadre d'analyse de la *Consumers' Research* ne cesse de s'agrandir touchant à des sujets autrefois considérés comme trop obscurs pour une publication savante consacrée à l'étude de la consommation. Il s'agit d'une panoplie d'études beaucoup plus diversifiée que l'on peut imaginer, on peut citer -entres autres- l'études sur le matérialisme, les rituels, la religion, l'humeur, les styles de recherche, les aspects primitifs de la consommation, la belle vie dans la publicité, les conflits conjugaux, mais surtout le symbolisme et l'hédonisme de la consommation sous l'expression de l'expérience de consommation.

En d'autres termes, l'expérience de consommation serait la résultante d'un changement majeur dans le sens et la nature intrinsèques de la consommation. Elle est alors considérée comme un construit complexe strictement subjectif, dont la conceptualisation reste à ce jour l'œuvre majeure des auteurs postmodernes avec en tête d'affiche les travaux pionniers de Morris Holbrook et d'Elizabeth Hirschman (1982).

Avec la *Consumers' Research*, la recherche sur la consommation a pris de la dimension et l'extension de ses perspectives de recherche lui ont valu une autre stature. Ce développement fulgurant de la recherche sur la consommation n'a pas passé inaperçu, et des questionnements d'ordre ontologique ont lieu d'être posés. Morris Holbrook ne manque pas l'occasion, et c'est dans le *Journal Of Consumer Research* où il initie cette réflexion en

---

Encouragés par cette réaction publique, ils sollicitent l'appui financier, rédactionnel et technique des clients d'autres magazines militants pour soutenir la création d'une organisation offrant aux consommateurs les services impartiaux d'un économiste et d'un scientifique pour fonder l'organisation *Consumers' Research*.

posant la question suivante : Qu'est-ce qu'on entend par la recherche sur la consommation ?

Pour réponde à cette question, il propose sept points canalisant la recherche sur la consommation :

1. La recherche sur la consommation étudie le comportement des consommateurs ;
2. Le comportement des consommateurs se traduit par la consommation ;
3. La consommation implique l'acquisition, l'utilisation et la disposition des produits ;
4. Les produits sont des biens, des services, des idées, des événements ou toute autre entité qui peut être acquise, utilisée ou disposée de manière à fournir une valeur potentielle ;
5. La valeur est un type d'expérience qui se produit pour un organisme vivant lorsqu'un objectif est atteint, qu'un besoin est satisfait ou qu'un désir est assouvi ;
6. Une telle réalisation, satisfaction ou assouvissement atteint la consommation ; inversement, l'incapacité à atteindre des objectifs, à satisfaire des besoins ou des désirs empêche la consommation
7. Le processus de consommation (y compris ses éventuelles défaillances) est donc le sujet fondamental de la recherche sur la consommation.

De là, la recherche étudie la consommation dans toutes ses différentes formes et facettes. Dans cette perspective, la recherche sur la consommation (voir figure 1) est une discipline à part entière et emprunte à d'autres disciplines établies (Macroéconomie, Microéconomie, Psychologie, Sociologie, Anthropologie, Ethnologie, Théologie etc.) ni plus ni moins qu'elles n'empruntent à leur tour les unes aux autres, et comme le montre si bien la position formulée par Belk (1986, p. 423) :

« *Ma vision est que le comportement du consommateur est une discipline à part entière, avec une variété de groupes constitutifs, mais sans aucune loyauté envers une discipline ou un groupe d'intérêt existant. En d'autres termes, le comportement du consommateur ne devrait pas être une sous-discipline du marketing, de la publicité, de la psychologie, de la sociologie ou de l'anthropologie, ni l'esclave des entreprises, du gouvernement ou des consommateurs. Il devrait au contraire être un domaine d'étude viable, au même titre que ces autres disciplines, avec une certaine pertinence potentielle pour chacun de ces groupes constitutifs* ».

Figure 1 : Le statut interdisciplinaire de la recherche sur la consommation

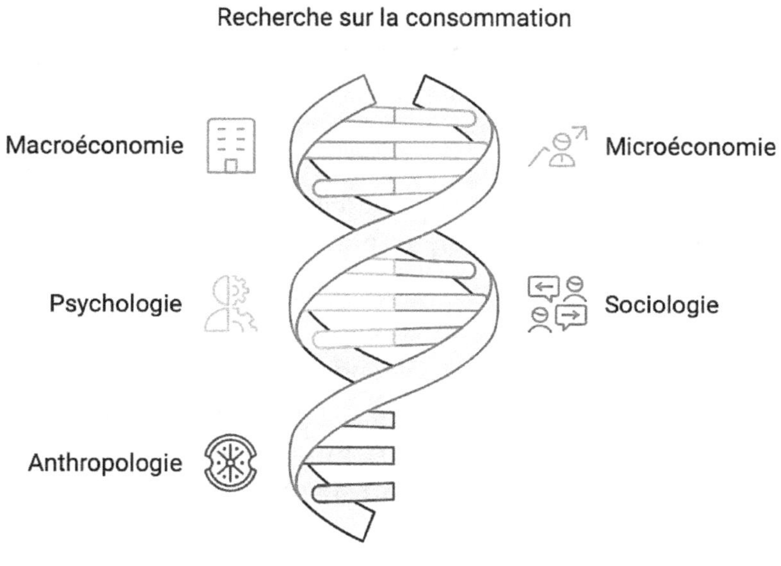

Source : Élaborée par les auteurs

Afin de remplir l'ambition de cet ouvrage, nous commençons par une légère lecture critique aux couleurs sociologiques de l'activité de consommation. Dans cette perspective, le premier chapitre proposera un regard rétrospectif de la consommation, et ce, en mobilisant une bonne partie des travaux du sociologue mancunien Alan Warde.

Nous poursuivrons notre réflexion avec une mention très rapide des travaux du célèbre critique du capitalisme et du père de la consommation ostentatoire, l'américain Thorstein Veblen. L'école d'Émile Durkheim y est également via une brève mention des travaux de Maurice Halbwachs dans la « Consommation et société ». L'incontournable Jean Baudrillard et sa perspicacité analytique du postmodernisme est également mentionnée à travers son « La société de consommation » qui a donné le branle à la sociologie de la consommation.

Le deuxième chapitre se contentera de présenter le postmodernisme comme étant le cadre d'analyse de référence de l'activité de consommation, mais surtout, d'expliquer la mécanique derrière l'éclosion de l'expérience de consommation. Forcément, qui dit postmodernisme dit théorie du ré-enchantement de la consommation, qui est à son rôle enveloppé par le cadre théorique de la CCT (*Consumer Culture Theory*). Dans cette optique, la CCT arbore une panoplie de perspectives théoriques qui abordent les relations dynamiques entre les actions des consommateurs, le marché et les significations culturelles.

Reflétant une société postmoderniste, la CCT couvre tout acte consommatoire qui - tout en transcendant l'économique- s'inscrit dans le culturel et le symbolique, à partir de ce moment- là, l'expérience de consommation rentre parfaitement dans sa typologie, et elle sera présentée et expliquée entre les lignes du chapitre deux.

CHAPITRE 1 : DES ORIGINES SOCIOLOGIQUES DE LA CONSOMMATION À L'ÉMERGENCE DE L'EXPÉRIENCE : L'ÉBAUCHE DE L'APPROCHE EXPÉRIENTIELLE EN MARKETING

« *Moi, bien avant que n'arrive l'heure bénie, je chanterai, dans une paix solitaire, les versets conjugaux de cette grande consommation* ».

William Wordsworth (1814) The Recluse

Notre processus de sélection des principales contributions de diverses disciplines à l'étude de la consommation a naturellement sélectionné la sociologie. Par essence, la sociologie est - tout comme l'économie - une science sociale qui, avant tout, cherche évidement des explications sociales (et non économiques) a des phénomènes observables. Son intérêt envers la consommation a commencé avec Robert Mayer (1978) et son travail fondateur : "*Exploring sociological theories by studying consumers*" (Exploration des théories sociologiques par l'étude des consommateurs), dans lequel il fait un appel du pied direct aux spécialistes du marketing et les chercheurs en consommation à utiliser davantage les concepts sociologiques. Il assure que les concepts psychologiques et de psychologie sociale ne fournissent que des explications partielles des raisons pour lesquelles les consommateurs se comportent comme ils le font. Il montre en outre que certains problèmes de marketing (par exemple, le marketing international) nécessitent une analyse de groupes de consommateurs, voire de sociétés entières, plutôt que de consommateurs individuels, ce qui rend les concepts sociologiques particulièrement appropriés.

La lecture sociologique de la consommation suggère que, les objets sont acquis et consommés non seulement pour leur utilité matérielle ou pour leur intérêt économique mais pour la signification qu'ils revêtent pour celui qui les achète et les consomme et pour l'usage qu'il veut en faire à l'intérieur des relations sociales qui lui importent. Les objets sont assimilés au langage, au sens où l'on distingue leur utilité, leur valeur économique et leur signification sociale, et c'est sur cette base que se développe la sociologie de la consommation.

Dans la même veine, Mayer affirmé que "les sociologues ont beaucoup à gagner en concentrant leurs études empiriques sur les consommateurs", et que "l'étude de la consommation est un cadre utile pour tester et développer les théories sociologiques". Bien qu'il y ait peu de preuves suggérant que de nombreux sociologues aient pris en compte les remarques de Mayer à l'époque, on peut considérer, dans la perspective des années 1990, qu'elles avaient une certaine résonance prophétique. Non pas qu'il y ait eu en fait une ruée pour "tester" les théories sociologiques en examinant le comportement des consommateurs, mais il existe maintenant au sein de la discipline une appréciation assez répandue de l'importance de concentrer l'attention sur la sphère de la consommation.

Une autre source trace les origines d'une sociologie de la consommation à l'Italie de Francesco Alberoni. Avec son libretto *Consumption and Society*, Francesco Alberoni est considéré comme le premier à avoir soustrait l'analyse de la consommation de la domination opaque de l'économie et propose finalement une analyse de la consommation comme une activité sociale plutôt qu'économique. Un autre sociologue italien dont les travaux sont contributeurs/fondateurs d'une sociologie de la consommation est Giampaolo Fabris. Considéré par ses paires comme le pionnier de la recherche sur l'opinion publique en Italie, il a été au niveau national, l'un des principaux experts dans l'étude du consommateur et de la publicité. Mais il est surtout connu pour avoir incorporé la dimension sociologique dans la démarche marketing jusqu'à a en remettre en question sa validité. Plus particulièrement, il a remis en question le mot « marketing », sous réserve que la pratique en question ne touche plus que les phénomènes « marché » mais elle s'étend d'ores et déjà à la société dans son ensemble. De là, il propose de supprimer la partie « marché » (Market) et de la remplacer par « société »

(Society) mais de toujours garder le suffixe « ing ». Le "Societing" comme évolution naturelle de la discipline marketing est né (Voir figure 2). Au-delà de la simple dimension néologique, il s'agit d'une vraie piste de refondation de la discipline marketing et maintes chercheurs et spécialiste recommandent très fortement son adoption (Dholakia et Arndt, 1985 ; Gronröos, 1997 ; Gummesson, 1997 ; Littler et Tynan, 2005 ; Vargo et Lusch, 2004 ; Sheth et Sisodia, 2006).

On peut considérer que depuis, une sociologie de la consommation comme sous discipline en bonne et due forme de la sociologie a vu le jour. Néanmoins, il est évident que plusieurs disciplines ont contribué au développement de l'édifice marketing actuel, chacune comblant les lacunes laissées par les autres. En ce sens, historiquement, la recherche en marketing et sur le comportement du consommateur particulièrement a adopté une position multidisciplinaire. Encore mieux, il y a eu un mouvement œcuméniste finalement qui a réussi à réunir une poignée de disciplines pouvant aider au développement du marketing comme discipline académique dans les règles.

Figure 2 : Du marketing au societing

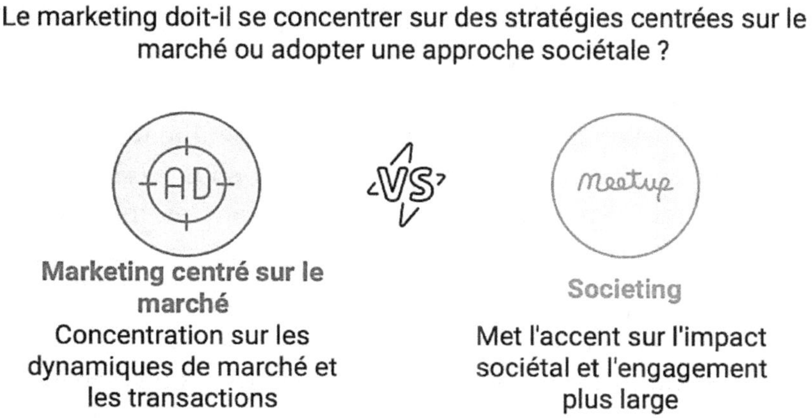

Source : Élaborés par les auteurs

Ce premier chapitre remplira le rôle de repère théorique et conceptuel voire philosophique dans notre quête de compréhension, pour y arriver, nous ferons appel à plusieurs acceptations advenant évidement de différentes origines : sociologie, psychologie, anthropologie, économie, et bien d'autres seront mobilisées. L'objectif principal reste d'identifier et de comprendre l'origine de la réflexion expérientielle sur consommation, qui devient de plus en plus omnipotente en marketing.

Ainsi, ce chapitre se poursuit par de brèves sections/sous-sections sur l'importance de la consommation et sur la place que pourrait occuper la sociologie dans un domaine d'étude interdisciplinaire, puis nous partirons sur l'explication des raisons derrières l'éclosion de l'expérience de consommation dans le cadre postmoderne actuel.

1. La consommation : une rétrospective

1.1. Dans la consommation

Produire afin de consommer a toujours été la préoccupation capitale de l'humanité. Il n'y a eu presque jamais de doutes à revendre sur le fait que les produits - collectés, fabriqués ou achetés - seraient utilisés, détruits, voire consommés. Depuis l'aube des temps, les vraies - et peut être seules interrogations - été jointes au maintien de la vie humaine et ont surtout été liés aux problèmes de la rareté et/ou de la disponibilité interrompue des biens et services nécessaires, toujours sous réserve de la qualité de leur répartition qui restera ad vitam æternam sujette de débat[6]...

Pour y voir plus clair, l'ouvrage « *Consumption : A Sociological Analysis* », dévisage avec délicatesse les nouvelles études en sciences sociales sur la consommation. Le sociologue mancunien Alan Warde y traite du comment la consommation affecte l'identité personnelle et la position sociale de l'individu. L'auteur

[6] Yuval Noah Harari. 2011. *Sapiens : Une brève histoire de l'humanité*. Paris : Albin Michel.

nous fait un exposé équilibré et critique de l'activité de consommation. Par ailleurs, il paraphrase Susan Strasser de « Waste and Want[7] », qui élargie le terrain occupé par la consommation en soulignant qu'après les efforts déployés par les Américains à la fin du XIXe siècle pour éviter le gaspillage, ils ont réussi à créer toute une industrie de recyclage bien installée (tant formelle qu'informelle). Ils réparent et recyclent alors les objets dans une mesure inimaginable des sociétés capitalistes avancées du début du XXIe, une société reconnue par l'extravagance plutôt que par la modération. Désormais, consommer c'est aussi comment on se débarrasse des produits.

De l'autre bout du monde, les histoires de disponibilité erratique des biens de consommation en URSS nous rappellent qu'il peut être difficile d'aligner la production sur la consommation, de sorte que tout ce qui est produit ne peut pas être utilisé, mais en général, les gens ont eu peu de difficultés à consommer ce que leur mode d'organisation économique pouvait fournir (Gronow 2003).

Aujourd'hui, les paniques morales concernant l'ampleur du "gaspillage" suggèrent un scénario complément différent. Les gens mettent davantage des choses dans le placard ou même dans des dépôts commerciaux consacrés au stockage des biens excédentaires par rapport aux besoins actuels. De surcroit, Wilhite et Lutzenhiser (1999) inventent la fameuse expression pour décrire la nouvelle manière de faire, le nouveau comportement, voire la très jeune mode à l'époque, la mode : "just in case" (pour le français "juste au cas où"), qui décrit alors comment les individus sont dans le sur-stockage, en gardant des chambres supplémentaires, des vêtements supplémentaires, des denrées alimentaires supplémentaires de grandes voitures à

---

[7] Vif et coloré, *Waste and Want* est un classique de la littérature sur la culture de consommation. Susan Strasser y reprend la partie cachée et banal de la consommation, à savoir, le fameux *« jeter ses affaires »*. Elle y dénonce alors les excès de la consommation de masse et le comportement de consommation typiquement américain qui est de plus en plus dans la commodité, le jetable, la mode et dans le changement technologique constant et interminable.

utiliser si toute la famille revient en même temps... une éventualité si rare qu'elle est presque utopique.

Cet exemple nous suggère l'une des raisons pour lesquelles la consommation pourrait sembler être un sujet d'analyse beaucoup plus important voire même plus indispensable qu'auparavant. Or, par le passé, la consommation n'est devenue un sujet d'étude et de sciences sociales qu'à la lumière des pénuries. A plus forte raison, la pauvreté a été la principale source d'inspiration pour l'étude de la consommation avant la fin du XXe siècle, la richesse et l'abondance l'ont propulsée sous les feux de la rampe en tant que modèle normatif sur la manière de vivre une vie agréable sans excès dans le cadre du capitalisme mondial. Par conséquent, les sciences sociales n'ont accordé qu'une attention limitée à la consommation jusqu'à très récemment.

Pour ce qui est de la vision économique, elle rejette généralement le détail de la consommation en présumant que les marchés assurent indépendamment l'équilibre de l'offre et de la demande.

On part du principe que les individus sont les mieux placés pour décider de ce qu'ils veulent et que ce qu'ils veulent est une affaire personnelle, on parle alors du fameux homo-economicus.

Cette hypothèse économique est nommée « la souveraineté des consommateurs » et elle permet de contourner les enquêtes sur les préférences de fond ou les raisonnements sur les achats (qui peuvent inclure des objectifs), et se concentre plutôt sur les éléments nécessaires à la comptabilité nationale (prix, revenus, épargne). Cependant, une discipline accessoire ayant un but pratique, le marketing, s'est développée dans l'espace laissé par l'économie néo-classique (et a travaillé d'une manière interdisciplinaire depuis sa fondation), exploitant ou s'appuyant sur le besoin autrement insatisfait des producteurs d'estimer qui voudrait quelles quantités de produits ils pourraient être en mesure de fournir.

Néanmoins, personne ne peut nier que la consommation reste un sujet spécifique des sciences sociales et fait l'objet d'une attention grandissante au cours du dernier demi-siècle. Plus particulièrement, elle a été abordée principalement par le biais du concept connexe de "consommateur", en particulier dans les domaines de l'économie, de la psychologie et du marketing, et a fait l'objet d'une attention de plus en plus croissante dans le discours politique également.

D'autre part, le consommateur a été mis en contraste avec le rôle du citoyen, et comme la différence entre les deux s'est estompée, des termes comme citoyen-consommateur et consommateur-citoyen ont été inventés pour rendre compte du statut hybride de la relation des individus avec les États et les marchés (Cohen 2003). Le futurologue américain Alvin Toffler (1972) nous parle dans son *Future Shock* d'une nouvelle vague de consommateur caractérisée par sa tendance à produire en même temps que consommer. La coexistence des deux pratiques fait naitre une nouvelle pratique et donc une nouvelle forme de consommation qu'Alvin Toffler appel sous le néologisme « *prosommation* ». Un prosommateur[8] est alors un individu qui consomme et produit à la fois.

[8] Il est à noter que la révolution digitale actuelle a fait accélérer les choses ont forçant l'engagement et la participation des utilisateurs dans la production et la consommation de tout type de contenu voire même de produit, les frontières entre la consommation et la production tombent et le consommateur devient de plus en plus prosommateur.

Figure 3 : L'individu entre consommation et production

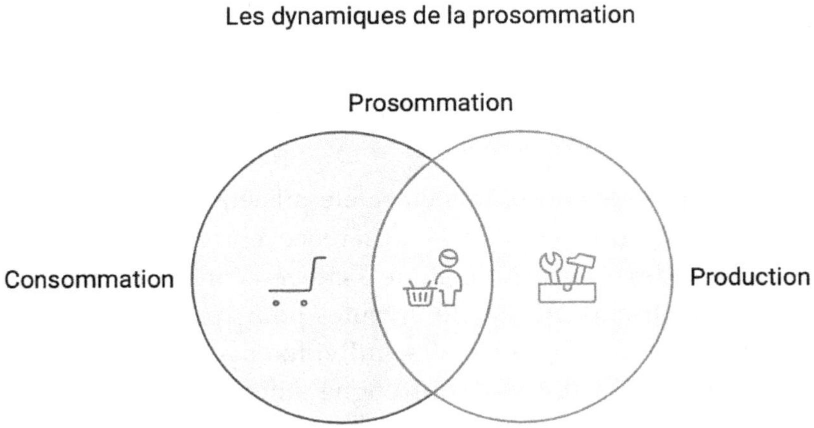

Source : Élaborée par les auteurs

Les recherches récentes ont identifié six types de prosommateurs (Lang et al, 2020) :

- Les prosommateurs bricoleurs,
- Les prosommateurs en libre-service,
- Les prosommateurs personnalisateurs,
- Les prosommateurs collaboratifs,
- Les prosommateurs monétisés,
- Les prosommateurs économiques.

Le développement fulgurant de l'activité en question ne s'est pas arrêté là. En outre, la consommation a pris plusieurs pistes d'évolution, et on parle en terme de culture de consommation, de société de consommation, de consommaction de consumérisme[9] évidement, et la liste continue. Ces différentes incarnations de la consommation ont fini par jouer un rôle important dans les caractérisations des arrangements sociaux contemporains. Bien que les termes soient mal définis, ils témoignent de l'importance

[9] Prenant le consumérisme par exemple qui revêt un caractère polysémique par excellence, il veut dire à la fois culture de consommation, action concertée des consommateurs face aux abus des marques, un mode de vie lié à la consommation, ou même, une théorie économique qui prône la consommation et considère son augmentation comme un bénéfice économique.

sociétale accrue de l'achat de marchandises et de leur signification et plus particulièrement leur signification culturelle.

Plus particulièrement, ils impliquent un rôle comparativement plus important de la consommation - par opposition au travail, à la religion, à la famille, à l'investissement ou à la politique - dans la détermination de l'organisation économique, des institutions culturelles et des motivations et expériences personnelles. Certains comptes rendus suggèrent que les caractéristiques centrales du capitalisme industriel - un monde où le travail discipliné dans la fabrication de biens était l'axe principal de l'ordre social face à la pénurie matérielle - sont en recul, remplacées dans les sociétés riches par les loisirs et le shopping comme centres de la vie quotidienne (Bauman 1998). Pour rendre compte de l'hégémonie totale de la place de la consommation de nos vies, Benoît Heilbrunn remplace la fameuse maxime « Cogito ergo sum » (Je pense, donc je suis) de René Descartes par la nouvelle maxime désormais : « je consomme donc je suis ? ». Plutôt d'une manière interrogative parce que l'auteur pose dans son ouvrage éponyme pleines de questions pour comprendre finalement ce qui se cache derrière nos désirs de consommateurs et comment les grandes marques s'y prennent pour nous séduire. Toutes ces questions seront traitées avec plus de détails dans les chapitres et les sections à venir.

Pour ce qui est de son rapport aux autres disciplines, la consommation a été traitée de différentes sortes par une poignée de disciplines. Il y a presque vingt ans de là, ces différentes disciplines travaillaient largement isolées les unes des autres et il y avait très peu d'interaction interdisciplinaire (Alan Warde, 2016). Le travail de synthétisation publié par le précurseur de l'anthropologie digitale Daniel Miller vient témoigner de ça. En effet, il y cite une documentation volumineuse sur le sujet dans les sciences sociales et ce à travers des études de nature économique, géographique et psychologique, ainsi que sociologique mais surtout anthropologique.

Toujours à cette époque, il n'était plus possible de prétendre que la consommation est un sujet délaissé par les sciences sociales. Par ailleurs, l'étude de la littérature illustre que le domaine de la consommation était très fractionné voire hétérogène, avec très peu d'entrecroisement entre les différentes disciplines. Depuis lors, le paysage a changé et un volume formidable de travaux universitaires -tant théoriques que pratiques- ont été joints à ce sujet, avec davantage de contacts, d'échanges et d'interactions entre les différentes disciplines.

Néanmoins, Alan Warde constate que ces travaux ne sont pas pour autant plus consolidés au niveau théorique. Il n'existe rien non plus qui ressemble à une synthèse transdisciplinaire des approches, on note que production et consommation, acquisition et utilisation, restent des coordonnées analytiques opposées et très contradictoires.

Par ailleurs, il est conseillé par la communauté des chercheurs de suivre les pas du raisonnement d'Alan Warde dans sa quête d'étude de la consommation, pour saisir les aspects fondamentaux de cette dernière, l'auteur préconise de suivre une démarche de combinaisons presque cartésienne via trois processus notamment : l'acquisition, l'appropriation et l'appréciation. Alan Warde explique que l'acquisition implique naturellement un échange (par le marché et d'autres mécanismes) qui fournit les moyens de s'approvisionner en biens personnels et ménagers. L'appropriation implique des activités pratiques impliquant l'utilisation de biens et de services à des fins personnelles et sociales. L'appréciation couvre la myriade de processus qui donnent un sens à la fourniture et à l'utilisation.

Ces concepts permettent de cadrer la réflexion et l'étude de la consommation et peuvent être utilisés pour structurer des études de types observations et d'analyser les mécanismes générant le comportement du consommateur entre autres. Si d'autres disciplines ont peut-être mené plus d'études sur l'un ou l'autre de ces trois processus que la sociologie, ses disciplines ne s'intéressent pas directement à ces processus. Prenant l'économie comme exemple, elle s'est concentrée sans doute presque exclusivement sur l'acquisition, et les études culturelles s'intéressent surtout à l'appréciation, mais la psychologie et la sociologie abordent les aspects de ces trois disciplines. En effet, la sociologie a apporté des contributions importantes à chacune d'elles et offre une certaine promesse de les réunir. Mais qu'est-ce qui pourrait être spécifiquement sociologique dans les explications ou les comptes rendus de ces processus ?

1.2. Une brève lecture sociologique

La question à laquelle nous allons essayer de répondre ici est celle du pourquoi la question de la consommation est si bien traitée en sociologique. Alan Warde tente d'y répondre en comparant le traitement qu'a réservé la sociologie à la consommation a d'autres traitements advenant de différentes disciplines. Selon le raisonnement de ce dernier, lorsque les disciplines délimitent leurs domaines d'intérêt, il ne s'agit pas seulement d'une agressivité disciplinaire, mais d'une attention aux différents aspects d'un monde social complexe. La psychologie, l'économie et la sociologie sont toutes confrontées au même monde empirique. Mais elles trouvent les différents aspects de ce monde complexe. Les disciplines ont des approches et des stratégies explicatives distinctes. Leurs points forts sont largement ancrés dans leurs théories. Cela n'empêche pas de partager des méthodes, ni de tenter de rendre compte de certains des mêmes phénomènes ; à titre d'exemple l'économie et la sociologie analysent toutes les deux les comptes de dépenses nationales afin d'expliquer les modes de consommation mais chacune le fait à sa manière.

Cependant, la théorie économique et la théorie sociologique sont deux configurations très différentes. Leurs différences se découlent de la tentative de résoudre des problèmes généraux très différents au cours de leur histoire. Conscients de la différence intrinsèque de leurs explications, ils s'entrechoquent pour gagner en légitimité (Abbott 1989). De plus, leur connaissance mutuelle leur permet d'emprunter et d'intégrer l'expertise des uns et des autres. L'une des manœuvres les plus ingénieuse de ces derniers temps est la façon dont l'économie, a utilisé la psychologie pour renforcer ses argumentation et ainsi gagner en crédibilité chose qui a donné naissance à économie comportementale nobélisée à maintes reprises.[10]

En conséquence de ces intrusions, les disciplines évoluent dans des directions similaires, créant l'impression d'un changement historique généralisé dans le climat intellectuel. Par exemple, le tournant culturel a eu des conséquences pour toutes les disciplines des sciences sociales (en marketing particulièrement, on parle de la théorie de la culture de consommation CCT[11]) et humaines, à l'exception de l'économie. En conséquence, la plupart des disciplines ont vu un passage de la macro à la micro préoccupation, d'une focalisation sur l'activité globale et sociale à un comportement individuel. Ainsi, le système des disciplines favorise la contagion ou bien comme le dit haut et fort Emile-Auguste Chartier : tout est lié....

Encore récemment, les notions d'individualisation, de postmodernisme comme on va le voir dans la deuxième section ont bien affecté la sociologie - mais surtout le marketing, et pas mal d'autres disciplines.

Pour une grande partie de la communauté scientifique, il est indéniable que la consommation est en grande partie un phénomène plus économique qu'autre chose. Quand c'est question d'étudier la consommation d'un groupe donné, la notion de la valeur d'échange, ou bien du calcul économique de la valeur est toujours de mise. La consommation fait partie intégrante d'une économie et en est probablement la raison d'être. La tache fondamentale des économies est de fournir des moyens cohérents de survie aux populations du monde. Cependant, les différentes économies ont probablement dérouté et ont

[10] En 2017, Richard Thaler est lauréat du prix dit Nobel d'économie pour sa contribution à l'économie comportementale. Ensuite, il introduit un des concepts marketing les plus résonants de cette dernière décennie, il s'agit du « Nudge » qui signifie coup de pouce en français. Ce concept est devenu depuis la publication de livre de Richard Thaler coécrit par Cass Sunstein une théorie à part entière qui trouve écho dans plusieurs disciplines.

[11] La théorie de la culture de consommation (TCC) est l'étude des choix et des comportements de consommation d'un point de vue social et culturel, par opposition à un point de vue économique ou psychologique.

développé leur propre dynamique. L'expansion de l'économie est devenue un objectif à part entière et on assiste plus à une manie de la croissance. Les économies modernes n'ont pour but que de fournir, de produire et de reproduire la richesse privée, elles deviennent de surcroit une source de gain financier et de thésaurisation, et elles en sont une source de propriété privée qui peut être manipulée de diverses manières à des fins de domination sociale et de perpétuation des privilèges des minorités.

La politique normale est au service de ce bloc social. Cependant, bien que la consommation soit économiquement pertinente, elle n'est pas une activité purement économique, elle est bien plus que ça. La consommation doit être considérée en relation avec les agents économiques (on fait surtout allusion à la définition de Benoît Heilbrunn de la consommation[12]) mais d'une manière plus complexe que le simple processus d'échange simple et étroitement analytique de son traitement en économie.

Comme les disciplines sont positionnées de manière relationnelle dans le domaine universitaire, la couverture de chacune d'entre elles est limitée, et est en partie définie, par la portée et l'échelle des autres. À l'époque contemporaine, il ne fait guère de doute que l'économie a été la discipline la plus importante, la mieux récompensée et la mieux considérée par les gouvernements dans les sociétés occidentales et que cela pose probablement problème pour les autres disciplines. L'économie a gagné la guerre de territoire entre les sciences sociales, car les doctrines du laissez-faire, associées aux marchés, ont une fois de plus gagné la bataille idéologique pour une solution privilégiée à la coordination politique. Cette victoire s'est accompagnée d'un modèle renouvelé et renforcé de l'individu souverain exerçant des choix, mais qu'existe-il au-delà du choix ?

---

[12] Une façon de parler des relations entre les êtres qu'ils soient humains ou non humains et que, in fine, la consommation renvoie à des médiations qu'ils sont à la fois physiques, symbolique voire définitoire et essentielle dans les relations que nous entretenons avec les autres et avec nous-même.

1.3. Pour un état de l'art

Il est inutile de rappeler que l'étude de la consommation en tant qu'objet n'a pas réellement interpellée la sphère intellectuelle et scientifique. Il faut attendre le début du 20ème siècle pour observer l'émergence très nuancée de réflexions et d'études en la matière. Cependant, Cova et Rémy (2014) font constater que même à la fin des années 1980, la consommation reste toujours un sujet assez auxiliaire dans différents champs disciplinaires.

Malgré cela, on ne peut pas se permettre de retirer le mérite aux francs-tireurs que sont Thorstein Veblen (1857-1929), Maurice Halbwachs (1877- 1945), Jean Baudrillard (1929- 2007), Mary Douglas (1921-2007), Baron Isherwood (1998-2003), Pierre Bourdieu (1930- 2002), Giampaolo Fabris (1938-2010) pour n'en citer que quelqu'un. Ils auront a plus que jamais le privilège d'avoir été les visionnaires de leur époque en osant traiter un sujet qui n'était pas aussi magistral que ça.

On parle tout d'abord de l'économiste et sociologue américain, le père fondateur du mouvement technocratique Thorstein Bunde Veblen (1857-1929). Ses travaux sur ce qu'il a appelé la consommation ostentatoire - traduit de l'anglais « Conspicuous consumption » -, sont une analyse délicate du morceau caché de l'iceberg économique : la motivation d'achat. En d'autres termes, il considère que le comportement du consommateur appartenant à la classe loisir n'est motivé que par le vouloir de montrer un statut social ou bien un mode de vie assez précis. On parle également de consommation statutaire, c'est-à-dire, la consommation est une communication de son statut social. En bref, il s'est intéressé à une niche sociale, la classe de haute bourgeoisie américaine et a montré comment elle investit voire comment elle gaspille temps et argent dans la consommation des loisirs. En l'occurrence, elle montre que les vraies raisons derrière ce snobisme ne sont d'autres que la tendance exagérée de ces classes sociales vers l'ostentation.

Avec ses deux doctorats, Maurice Halbwachs est un pilier des sciences sociales nous parle des conduites de la consommation. Par cette dernière, il compare un budget familial un système complexe traduisant, selon l'échelle sociale, une échelle des grands besoins. Passionné de statistique, il explique : « à ressources égales, un ouvrier dépense autrement qu'un employé. Les goûts des individus sont en fait façonnés par leur milieu d'origine. Les dépenses des ménages résultent de besoins qui ne sont pas naturels, mais sociaux. Halbwachs s'intéresse aux régularités statistiques et à leurs perturbations. »[13]

Par ailleurs, on ne peut pas parler de la consommation sans citer le théoricien de la société contemporaine -sans doute le plus influant de la francophonie- Jean Baudrillard (1995–2007), qui a surtout alerté sur les dangers de la « morale consumériste » qui selon lui, crée des relations sociales artificielles et de nouveaux symboles aliénants.

Pour le reste, le regretté de son époque Giampaolo Fabris (1938-2010), a été le fondateur d'une nouvelle approche de l'étude de la consommation. Ce qui l'appelé le Societing[14], devient par la suite sous l'impulsion des travaux Bernard Cova (2007) , un substitut en bonne et due forme à la démarche kotlerienne du marketing. Ainsi, Fabris conçois le Societing telle une esquisse d'une approche alternative à celles de l'économie d'entreprise, qu'il a voulu remplacer par une vision socio-anthropologique pour tenter de mieux cerner les phénomènes et les dynamiques qui font passer la société d'un société proto-industrielle à une société post-moderne[15].

Abandonnant les méthodes d'analyse des consommateurs et du marché typiques du marketing traditionnel (paramètres sociodémographiques, langage et attitudes militaires, parts de marché et tendances, etc.), Fabris a adopté dans les années 1980 le concept de style de vie (élaboré dans les années 1970 par le sociologue américain Yankelovitch et européanisé plus tard par

---

[13] Julien Damon. 2016. *100 penseurs de la société*. Paris : Presses Universitaires de France. Apple Books.

[14] Un terme introduit par des chercheurs latins au croisement du marketing et de la sociologie, qui a engendré une revue du même nom (Societing) et qui signifie selon les auteurs en marketing « mise en société ».

[15] Fumagalli M. 2010. "Giampaolo Fabris, l'interprète critique de la consommation de masse", *Corriere della Sera*, 21 mai : non paginé.

le Français Alain de Vulpian) et est arrivé plus tard à l'idée que ce qui fait bouger les comportements et les choix des individus est une structure latente, représentée par les valeurs qu'ils partagent ou exprimées par les marques qu'ils achètent. Les pierres angulaires de ce parcours sont les livres : "Le otto Italie : dinamica e frammentazione della società italiana", "Consumatore & mercato", "Il nuovo consumatore : verso il postmoderno"[16] Nonobstant tout ce qui précède, il faut attendre jusqu'aux années 1990 pour voir les approches sur la consommation inspirer les grandes disciplines traditionnelles à l'image de l'économie, la sociologie, l'anthropologie ou encore l'histoire (Desjeux, 2006).

Que ça soit avec Alan Warde et son introduction à la sociologie de la consommation ou bien le «*Consumer Culture and Postmodernism*» de Mike Featherstone (1991), le «*Consumer culture and modernity*» de Don Slater (1997), ou encore de Yannis Gabriel et Tim Lang (1995) et leurs «*The Unmanageable Consumer: Contemporary Consumption and its Fragmentations*», ce sujet a pris davantage de chair. Les virtuoses travaux de Georges Ritzer (1993 ; 1995 ; 1999) sont aussi à mentionner et dans lesquels il constate qu'encore en 1999, la société américaine qui est de plus en plus définie par la consommation n'évoque guère d'initiatives sociologiques dédiées à l'étude de la consommation, un fait inouï qui reste au sens de Ritzer incompréhensible en posant la question du comment une société qui se définie par la consommation manque cruellement de réflexion, d'étude et de débats en la matière ?

Ritzer n'a pas manqué l'opportunité de dénoncer une telle aberration et il va jusqu'à en créer la première division au sein de l'American Sociological Association dédiée spécifiquement à la sociologie de consommation. Malgré cela, l'American Sociological Association a su se relever et va devenir en quelques

[16] FABRIS G. 1997. *La pubblicità. Teoria e pratica*. Milan: Franco Angeli.

années l'un des journaux les mieux classé au monde académique.[17]

- **La scientificité de la sociologie**

En posant cette question, Jacques Coenen-Huther lança à l'Association internationale des sociologues de langue française un débat qui devait avoir lieu tôt ou tard[18]. Il voulait à tout prix savoir, si la sociologie est suffisamment scientifique ou pas. A plus forte raison, il persiste une discorde très sévère dans l'univers de la sociologie et sur la scientificité de cette dernière et forcement son statut épistémologique y est aussi : doit-on la considérer science ou tout simplement comme le suggère une discipline pseudo-scientifique ?

La question est vite répondue, surtout quand on constate qu'une bonne partie de sociologues utilisent des méthodologies et des démarches de recherches très hétérogènes et a tout va, jusqu'à en arriver à ne pas préciser leurs approche méthodologique, chose qui ne passe pas quand c'est question d'accéder à la vérité avec transparence[19]... Entre temps, les voisins anthropologues proposent un regard rigoureux, analytique et tout à fait scientifique. Un rapide examen épistémologique/méthodologique nous confirme sa scientificité incontestable. L'un de ses figures les plus reconnues est l'auteur prolifique Daniel Miller, qui par ailleurs, reconnaît l'importance de l'étude de la consommation. Ce dernier, va jusqu'au point de proposer une refondation de l'anthropologie à partir des études sur la consommation[20].Aussi précurseur de l'anthropologie digitale, Daniel Miller sort l'ouvrage référence : Material Culture and Mass Consumption (1987), qui investit grandement le

---

[17] On parle notamment du *Journal of Consumer Culture* classé 16ème sur 132 journaux académiques en langue anglaise pour la catégorie *« Sociology »* en 2013

[18] COENEN-HUTHER J. 2012. « La sociologie est-elle une science ? », *Sociologies*, 6 : 1-15.

[19] Idem

[20] MILLER D. 1987. *Material Culture and Mass Consumption.* Oxford: Blackwell.

domaine de la consommation et participe aussi au lancement du Journal of Material Culture en 1996. Ces travaux ne font que renforcer l'argument en faveur de la place de l'analyse anthropologique sur les questions relatives à la consommation.

Tout cela nous confirme la quasi-unanimité sur le retard malheureux d'une sociologie de la consommation proprement dite, néanmoins on ne doit surtout pas cacher que depuis les années (1980), des gestionnaires et des spécialistes des études culturelles font de la consommation leur sujet de recherche de prédilection : « Cette florissante littérature interdisciplinaire met fortement l'accent sur les aspects culturels de la consommation, par des recherches sur les origines et les causes de la culture de consommation, la signification des biens consommés, les habitudes d'achat, la publicité, le crédit et le marketing » (Zelizer, 2006).

En l'occurrence, un groupe de chercheurs américains spécialisés dans la *Consumer Research* avec en tête d'affiche le passionné du comportement de consommation Morris Holbrook (il en va jusqu'à étudié le comportement de consommation de son propre chat[21]), qui en chef de file, ouvre la voie à une approche alternative de l'étude du consommateur qui va progressivement se rapprocher des sciences sociales. Ainsi, la *Consumer Research* permet au marketing de se diversifier en s'émancipant des approches purement positivistes pour accéder aux opportunités plus interprétativistes de la consommation que proposent l'anthropologie et l'ethnologie par exemple (Cochoy, 1999).

Nous retrouvons dans la *Consumer Behavior Odyssey* (Belk, Wallendorf et Sherry, 1989) les premiers pas d'une nouvelle démarche de recherche cette fois plus interprétative sur le domaine de la consommation avec des approches de recherche très originales et diversifiés partant de l'incitation des rituels a la consommation jusqu'à traiter de la résistance à la consommation (Holt, 2004). Par ailleurs, Arnould et Thompson (2005) nous y

---

[21] HOLBROOK M. B. 1997. "Feline consumption: Ethnography, felologies and unobtrusive participation in the life of a cat", *European Journal of Marketing*, 31(3/4): 214-233.

identifient les axes fondamentaux de recherches en la matière, désignés aussi sous l'expression CCT pour Consumer Culture Theory. On distingue les quatre axes suivants :

- Les projets identitaires des consommateurs,
- Les stratégies interprétatives des consommateurs,
- Les sous-cultures de marché,
- Les constantes sociohistoriques de la consommation.

Revenant a Morris Holbrook, il spécifie que pour les chercheurs en consommation, il y a deux faits marquants qui caractérisent leurs recherches. D'un côté, une ambiguïté plane toujours autour les domaines d'intervention des recherches du la consommation. En un sens, les chercheurs ne partagent aucun consensus sur ce qu'est et ce que n'est pas la recherche sur la consommation. Du moins, ils ne sont pas d'accord sur ce que désigne le terme qui définit le champ d'investigation. De l'autre côté, Holbrook, Anderson, Belk, Hirschman et Wallen-Dorf suggèrent la nécessité de fonder la recherche sur la consommation sur une préoccupation centrale de la consommation, indépendamment de toute pertinence que ce sujet pourrait avoir pour les responsables du marketing ou, en fait, pour tout autre intérêt externe.

Ces deux considérations se combinent pour plaider en faveur d'une redéfinition de la recherche sur la consommation. De là, il fait un appel du pied aux chercheurs dans le domaine de la consommation à la considérer comme un champ d'investigation dont le point central est la consommation et qui, par conséquent, examine toutes les facettes de la valeur potentiellement fournie lorsqu'un organisme vivant acquiert, utilise ou élimine un produit susceptible d'atteindre un objectif, de répondre à un besoin ou de satisfaire un désir.

En bref, ainsi conçue, la recherche sur la consommation étudie tous les aspects de la consommation (y compris ses ruptures). Par conséquent, la recherche sur la consommation englobe la plupart des formes de comportement de consommation humain, animal et peut-être même végétatif. En un sens, même si nous ignorons les animaux et les plantes, la recherche sur la consommation englobe presque toutes les activités humaines, considérées du point de vue de la consommation. Je considère ce caractère inclusif comme une force plutôt que comme un handicap. De mon point de vue, presque tout ce que nous faisons implique la consommation (Holbrook 1985, p. 146) :

« *Les gens se lèvent le matin, commencent à consommer dès que leurs orteils touchent le tapis, consacrent leur temps à diverses activités de consommation tout au long de la journée et continuent à consommer jusqu'à ce qu'ils s'endorment le soir, après quoi ils limitent leur consommation à leurs rêves, leurs pyjamas et leurs draps* ».

En d'autres termes, notre vie est une quête constante et continuelle (bien qu'elle ne soit pas toujours couronnée de succès) de la satisfaction.

Ce qui distingue ou devrait distinguer la recherche sur la consommation d'autres domaines, c'est l'accent mis sciemment sur le comportement de consommation. Le comportement de consommation implique des activités visant à atteindre des objectifs, à répondre à des besoins ou à satisfaire des désirs. En bref, il s'agit de processus par lesquels les consommateurs cherchent, atteignent et dépassent la consommation. On peut donc s'attendre à ce que les chercheurs en consommation se concentrent sur la consommation (Holbrook 1985, p. 146).

Depuis le début des années 2000, la recherche sur la consommation a été prolifique et merveilleusement acceptée par la communauté des chercheurs et une influence réciproque commence à se dessiner entre la recherche en sociologie de la consommation et la recherche sur la consommation sortie du marketing[22]. De surcroit, le courant hybride de la sociologie des marchés voit le jour en essayant d'étudier les phénomènes de captation des publics par le marketing (Dubuisson-Quellier, 2009), et cela va sans citer la présence assez forte d'études

---

[22] Des recherches en marketing sont publiées dans le *Journal of Consumer Culture* (Holt, 2006 ; Zwick, Bonsu et Darmody, 2008) et d'autres en sociologues sont publiées dans *Consumption Markets & Culture* (Dandaneau and Dodsworth, 2008 ; Durrer et Miles, 2009).

multidisciplinaires des phénomènes consommatoires (Arvidsson, 2006).

De nos jours, nul ne peut nier que la consommation a changé de rang dans l'échelle de passion des chercheurs en sciences sociales, un rapide examens des revues en sciences sociales peut bien le confirmer, il en va jusqu'à dédier des numéros spéciaux complétement dédiés à la consommation, Sociologies pratiques intitulé : « La consommation (tout) contre la société » en 2010, Sciences humaines avec en-tête « Comment la consommation a envahi nos vies » en 2011, etc.

Une autre perspective absolument exotique, mais qui reste tout de même digne d'intérêt est celle d'une nouvelle forme de psychologie qualifiée de psychologie évolutionniste (Stéphane Debove, 2015). De temps en temps désignée évopsy ou évo-psy, elle nous suggère l'idée que la consommation c'est plus mouvement de masse qui pourrait être comparé à certains traits de la psychologie humaine mettant en lumière les similitudes entre les principes darwiniens et le comportement des consommateurs (George Siomkos, 2004).

Ainsi, ses représentants les plus fidèle sont Gad Saad et Gilles Lipovetsky qui parlent dans leur travaux[23] du concept néologiste Homo consumericus (du latin pour la personne consumériste) qui décrit le nouveau consommateur. Selon ces auteurs, l'Homo consumericus est une espèce de turbo-consommateur décalé, mobile, flexible, largement affranchi des anciennes cultures de classe, imprévisible dans ses goûts et impulsif dans ses achats, à l'affût d'expériences émotionnelles et de mieux-être, de qualité de vie et de santé, de marques et d'authenticité, d'immédiateté et de communication. En parallèle, on parle aussi de « Homo Consumens » qui en est une expression similaire et qui a vu le jour en 1965 par Erich Fromm dans l'humanisme socialiste. Gilles Lipovetsky pense que le système contribue à la naissance de cette

---

[23] On parle respectivement de : SAAD G. 2007. *The Evolutionary Bases of Consumption*. Mahwah: Lawrence Erlbaum Associates et LIPOVETSKY G. 2006. *Le bonheur paradoxal : essai sur la société d'hyperconsommatio*. Paris : Gallimard.

variable où l'acheteur est de plus en plus informé et infidèle, réflexif et esthétique. De la sorte, la consommation devient intimidée à contrario d'une consommation qui se disait honorifique.

Toutes ces descriptions de tous ces auteurs sont très fidèle au cadre d'analyse postmoderne dans lequel évolue le consommateur actuel et selon un ensemble d'écrits tant francophone (Filser, 1996 ; Pras, 1999 ; Hetzel, 2002 ; Badot et Cova, 2003) qu'anglophones (Brown 1995 ; Firat et Venkatech, 1995 ; Kozinets, 2001), l'expérience de la consommation puise sans l'ombre d'un doute ses origines dans la perspective postmoderne de l'activité de consommation que nous essayerons de traiter dans la deuxième section.

2. Postmodernisme : vers une consommation réenchantée?

Le chemin menant à l'ébauche d'une lecture expérientielle de la consommation a été relativement long et semé d'embuches. Le concept d'expérience est né entre les mains des auteurs postmodernes (Holbrook et Hirschman, 1984), ce qui fait du postmodernisme - comme mouvement intellectuel et philosophique- le premier moteur derrière la considération conceptuelle très sérieuse de la notion de l'expérience de consommation. Le deuxième moteur se trouve entre les lignes de l'expression Weberienne « désenchantement du monde », pour refléter l'état de l'individu postmoderne qui se sent perdu dans un monde désenchanté dû aux défaillances de la modernité, il trouve refuge dans la consommation pour exprimer son identité (Hetzel, 2002).

L'expérience comme notion a été conceptualisée pour la première fois par Morris Holbrook et à Elizabeth Hirschman dans les années 1984, et depuis, l'ancre de la recherche académique et professionnelle n'a cessé de couler faisant de ce concept un élément phare de la littérature et la pratique marketing. Toutefois, et au-delà de toutes les attentes, ce n'est pas à un académicien que l'on doit l'idée d'une consommation aux couleurs expérientielle, c'est plus à un profil beaucoup plus polémique aux caractères pseudoscientifique. Un futurologue au nom d'Alvin Toffler prédis au chapitre 10 de son bestseller Future Shock[24] que toute une économie a domination expérientielle sera en vogue au début XXIe siècle. En l'occurrence, il mentionna l'"industrie de l'expérience", pour parler des gens qui seraient prêts à allouer un pourcentage élevé de leur salaire à des expériences extraordinaires. Ce phénomène est décrit en détail dans le chapitre *The Experience Makers* :

« *Nous assisterons également à une expansion révolutionnaire de certaines industries dont la seule production n'est pas constituée de produits manufacturés, ni même de services ordinaires, mais d'"expériences" préprogrammées. L'industrie de l'expérience pourrait s'avérer être l'un des piliers du super-industrialisme... Alors que la richesse et le caractère éphémère croissants sapent impitoyablement le vieux besoin de posséder, les consommateurs commencent à collectionner des expériences aussi consciemment et passionnément qu'ils collectionnaient autrefois des objets* ».

Entre temps, l'appellation futurologie a été revisité pas mal de fois et Gaston Berger recommande d'utiliser le terme « prospective » dans le monde francophone. Futurologie, prospective, la science de « l'homme à venir », *futures research* en anglais, la magie des Tofflers a bien opérée et le couple a prophétisé avec ponctualité et délicatesse les avenirs curieux de la société de consommation. Davantage dans leur travail, ils déclarent que l'économie expérientielle visera principalement à fournir une gratification psychique, et qu'un processus de "psychologisation" trouvera sa place et que les consommateurs aspireront à une meilleure "qualité de vie" y trouveront leurs places39. De la sorte, les fabricants de biens ajouteront une

[24] La prophétie se confirme davantage quand on visite le site internet officiel de la chaine de café américaine *Starbucks Corporation*. On y trouve une auto déclaration qui précise que la plus grande de fast-food au monde (Avec 32 180 établissements implantés dans 78 pays, dont 18 235 sur le continent Américain) ne vend pas de café mais plutôt une l'expérience de café. Appel, Samsung, Walt Disney, Nordstrom, Starbucks, Saturne, Kanye West, IBM et bien d'autres multinationales totales soutiennent la thèse expérientielle.

"charge psychique" aux produits de base, la composante psychique des services se développera aussi et nous assisterons à la montée en puissance d'industries de production d'expérience plutôt qu'une industrie de production de bien et que dont le seul réel produit est une expérience préprogrammée, y compris des environnements simulés offrant aux clients un avant-goût de l'aventure, de danger ou autre plaisir (Toffler, Alvin et Heidi.1970).

Néanmoins, ses prédictions ont été accepté -entre autres- par l'un des journaux académiques les plus charismatiques, il s'agit bien de l'imposant *Harvard Business Review,* qui relate haut et fort la verticité des propos d'Alvin Toffler avec son épouse Heidi Toffler en co-auteur (B. Joseph Pine et James H. Gilmore, Harvard Business Review, 1998).

Ici, on présentera en premier temps le mouvement postmoderne, ses origines, ses caractéristiques et son impact sur la société en général et sur l'individu consommateur en particulier, et en second temps, nous essayerons de retisser le lien entre désenchantement du monde et ré-enchantement de la consommation tout en identifiant l'origines, la définition, et les caractéristiques de ces concepts.

2.1. Postmodernisme et consommation

Le postmodernisme est l'après modernité et donc le rejet de la modernité. Il a été présenté et théorisé par l'historien et le critique d'art américain Charles Jencks comme étant un mouvement artistique au début (Charles Jencks, 1987). D'autres sources retracent ses origines au paradigme esthétique de la littérature américaine d'Ihab Hassan, qui l'a introduit en 1971 pour dénoncer l'hyper-modernisation de la littérature américaine.[25]

L'ouvrage de référence en la matière est signé Charles Jencks où il discute de l'architecture post-moderne mais aussi du post-modernisme comme mouvement. Idéologique et intellectuel en

[25] HASSAN I. 1971. *The Dismemberment of Orpheus*. Bloomington: Indiana University Press.

général. Il s'agit de « Language of Post Modern Architecture » qui nous décèle le postmodernisme comme une incitation clair et nette a un retour aux bases, aux compositions et aux motifs du passé. Cette invitation a franchi les frontières de l'architecture et de l'art dans en général, jusqu'à toucher aux discours philosophiques, sociologiques, politiques voire économique et marketing. Le fil conducteur de la pensée postmoderne n'est d'autre que l'incitation à un retour aux sources ; on retrouve cette envie se personnifier aussi au cinéma en musique, en mode, en littérature mais surtout en philosophie.

Forcément, tout commence avec la modernité, qui est tout d'abord un intervalle de temps (entre le 15 et le 18 siècles) mais surtout une philosophie, et une manière de voir et de considère la société dans son ensemble. Frédéric Guillaud l'a définie de la manière suivante : « c'est un mouvement général qui emporte la civilisation occidentale tout entière – mouvement matériel, religieux, philosophique, anthropologique – et que l'on résume par des mots comme « Émancipation », « Progrès », « Autonomie », « Lumières » ; ainsi le monde de la Modernité s'opposerait au monde de la Tradition, comme la Liberté s'oppose à l'Autorité, la Stabilité au Changement. Cette opposition se reflète dans tous les domaines de l'activité humaine : Anciens contre Modernes en littérature, Autoritaires contre Libéraux en politique, Modernistes contre Traditionalistes en religion. » (Frédéric Guillaud, 2005).

Aussi, la modernité est une envie de renaissance de l'individu moderne, une seconde chance, un résultat d'efforts permanents pour finir avec les croyances obscures, traditions ancestrales de l'humanité, les hiérarchies handicapantes. C'est une démarche qui invite l'homme à s'inscrire dans une démarche développement civil anticonformiste et hétérodoxe propre à une ambition du progrès des connaissances et des rapports sociaux (Manel Hadj Hmida, 2015). Une telle vision trouve tout son sens dans la société moderne de la production et de la consommation de masse. Le Taylorisme et le Fordisme y sont aussi, ils ont contribué à rendre possible une rationalisation poussée des activités économique et ils ont réussi à mettre en avant déshumanisation des rapport sociaux (Frederick Winslow Taylor, 1911).

Par conséquent, la société devient individualiste et développe une attitude critique vis-à-vis de la massification de la consommation, chose qui a conduit au développement d'un mal-être qui reflète l'insatisfaction de l'individu à l'égard de sa position dans le monde. Le désenchantement du monde voit le jour. Ceci signifie que l'individu perd confiance dans les valeurs de la modernité et se tourne vers d'autres valeurs qui constituent ce qui sera appelé le mouvement postmoderne. Un mouvement qui se donne comme objectif d'expliquer phénomènes sociaux contemporains et d'apporter des réponses aux problèmes de la société post-industrielle présente.

La perception étymologique invite à penser le postmodernisme comme une parfaite synergie entre l'archaïsme et le développement technologique (Maffesoli, 2000), entre le progrès et le primitivisme. Pour ce qui est du marketing, il est repensé et rafraichit en redéfinissant des principes théoriques de base autour de la pensée postmoderne (Rabeb BLAIECH, 2003). Ainsi, ils considèrent la postmodernité -même si que postmodernité et postmodernisme sont deux concepts à distinguer- comme « une perspective philosophique spécifique riche d'hypothèses épistémologiques et de préférences méthodologiques qui pousse à repenser les principes généraux de la théorie en marketing » (Manel Hamouda et al, 2013).

Quant à Alain Decrop, il fait référence à un changement structurel de l'individu et de la société lié à la fin de l'époque industrielle qu'avait créé la modernité, et à l'avènement de l'ère de l'information que nous connaissons aujourd'hui. Il traite de la transition qui a eu lieu ces dernières décennies, du modernisme au post-modernisme, tout en mettant en exergue l'impact qu'a créé ce changement sur la consommation et ses tendances de fond (Alain Decrop, 2008).

L'analogie faite par le théoricien américain Brian McHale (1987) permet de se former une idée assez claire et met l'accent sur l'antinomie modernisme/postmodernisme. Il les compare à celle qui fractionne l'ontologie et l'épistémologie. Ainsi, le modernisme cherche à construire une représentation fidèle du monde réel, tandis que le postmodernisme s'interroge plutôt sur le statut du monde fictionnel créé par l'œuvre d'art.

Le postmodernisme est aussi un flux de mouvements culturel et philosophique, qui ont insufflé la vie aux sociétés occidentales, et radicalement influencé voire renouveler plusieurs disciplines dont l'art[26], l'architecture, la littérature[27], la mode[28], etc. Le marketing n'a pas été épargné. Eu égard, l'individu postmoderne se trouve coincé entre deux extrémités (voir la figure ci-dessous).

[26] Les mots postmoderne et postmodernisme, appliqués aux arts, sont apparus dans une conférence prononcée pour la première fois par Charles Jencks en 1975 à Eindhoven, avec la volonté de clore le mouvement moderne.
[27] ANDERSON P. 2010. *Les Origines de la postmodernité*. Paris : Les prairies ordinaires.
[28] Le grand couturier français Christian Lacroix s'autoproclame postmoderne ainsi que l'enfant terrible de la mode Vivienne Westwood.

Figure 4 : L'individu en tension entre progrès et regret

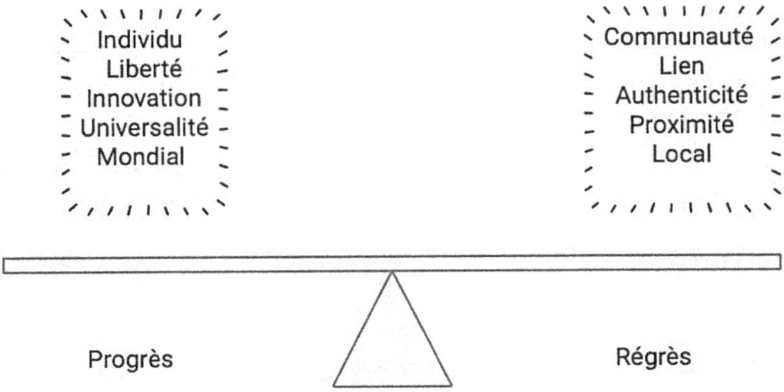

Source : Adaptée Badot et Cova 2003, Néo-Marketing 10 ans après : Pour une théorie critique de la consommation et du marketing ré-enchantés

Progrès et regret sont les deux faces d'une même pièce, d'un côté on a l'option progrès incarnée par des valeurs comme : la liberté, l'innovation, l'universalité, la mondialisation, etc. et le regret de l'autre qui prend forme à l'aide de principe comme : la communauté, le lien, l'authenticité, la proximité, etc.

Les penseurs post-modernes se situent dans la perspective de surmonter le désenchantement du monde, après la désagrégation des repères culturels ou religieux, le relativisme des sciences, la crise de l'idée de progrès, l'humanité confrontée aux faillites écologiques, économiques et sociales, et l'échec patent des utopies révolutionnaires. Autrement dit, les postmodernes s'inscrivent dans la vision de déjouer le piège du désenchantement du monde, qui veut dire selon Marcel Gauchet, un recul des croyances religieuses ou magiques comme mode d'explication des phénomènes, et s'accompagne d'une perte de sens du monde (Marcel Gauchet, 2015). Dès lors, il peut être scientifiquement expliqué. En effet, tant que tout est explicable, on ne cherche plus le sens caché des choses. C'est un phénomène qui touche entre autres l'activité de consommation, donnant lieu à plusieurs tendances de fond caractérisant la consommation postmoderne.

L'expression « désenchantement du monde » a été utilisé pour la première fois dans l'essai du sociologue allemand Max Weber "l'éthique protestante et l'esprit du capitalisme", au début du 20ème siècle, et selon l'auteur :

« *(...) ce vaste processus de désenchantement (a) débuté avec les prophéties du judaïsme ancien et de concert avec la pensée grecque, (qui) rejetait tous les liens magiques d'atteindre au salut comme autant de superstitions et de sacrilèges.* » *Max Weber, L'éthique protestante et l'esprit du capitalisme, Plon/Pocket, 2010, p. 117*

Il reprend l'expression alors en 1917 dans une conférence intitulée : "La profession et la vocation de savant"[29] :

« Faisons-nous une idée claire de ce que signifie pratiquement la rationalisation par la science et par la technique guidée par la science. (...) L'intellectualisation et la rationalisation croissantes ne signifient pas une connaissance générale toujours plus grande des conditions de vie dans lesquelles nous nous trouvons. Elles signifient quelque chose d'autre : le fait de savoir ou de croire que, si on le veut, on peut à tout moment l'apprendre ; qu'il n'y a donc en principe aucune puissance imprévisible et mystérieuse qui entre en jeu et que l'on peut en revanche maîtriser toute chose par le calcul. Cela signifie le désenchantement du monde. »[30]

Le passage d'une société moderne a une autre société qualifiée de postmoderne, a fait émerger de nouvelles tendances de consommation. Lesdites tendances ont dessiné une série de paradoxes reprises et interprétées par les soins du corps théorique postmoderne. Le phénomène de la consommation a été développé autour de ces paradoxes. Le marketing et le monde des affaires ont profité de cette dynamique tout en proposant un univers de consommation axé sur le concept de l'expérience.

---

[29] MAZUIR F. 2004. « Le processus de rationalisation chez Max Weber », *Sociétés*, 2004/4 : 85-100.

[30] WEBER M. 2003. *La profession et la vocation de savant*, in *Le savant et le politique*, traduction de Catherine Colliot-Thélène. Paris : La Découverte/Poche, p. 83.

2.2. Vers le ré-enchantement de la consommation ?

Dans l'inclassable « La société de consommation », J. Baudrillard professe : comme la société du Moyen-Age s'équilibrait sur Dieu et le diable, la nôtre s'équilibre sur la consommation et sur sa dénonciation (J. Baudrillard 1970).

Largement influencée par la postmodernité, la consommation devient ré-enchantée, et par conséquent une théorie de la consommation ré-enchantée émerge. Elle est proposée par Badot et Cova (2010) entre les pages du « Néo-Marketing 10 ans après : Pour une théorie critique de la consommation et du marketing ré-enchantés ». Selon ces auteurs, la consommation ré- enchantée est quand la consommation commence à faire la part belle aux valeurs de regret et à la subjectivité de l'individu (Adis et Holbrook, 2001). La consommation ré-enchantée fait plus allusion à la libération du consommateur de la charge rationnelle pour se livrer à une revendication émotionnelle dans un cadre social.

Pour illustrer ce que c'est qu'une consommation ré-enchantée, les parcs d'attraction de Walt Disney, les cafés Starbucks, le phénomène des « malls » et des centres commerciaux sont au rendez- vous. De fait, ces entreprises - et bien d'autres propose- de l'expérience répondent ainsi à la condition postmoderniste de la consommation (Pine et Gilmore, 1998).

Au plan commercial, la consommation ré-enchantée prendra la forme d'une théâtralisation des lieux de vente à travers plusieurs stimulations poly-sensorielles[31] (Rieunier, 2002), ou bien par la thématisation du lieu de l'expérience (Bonnefoy-

---

[31] En parle alors d'un marketing sensoriel défini par la littérature académique comme un marketing qui engage les sens des consommateurs et affecte leur perception, leur jugement et leur comportement. D'un point de vue managérial, le marketing sensoriel peut être utilisé pour créer des déclencheurs subconscients qui caractérisent les perceptions des consommateurs sur des notions abstraites du produit (par exemple, sa sophistication ou sa qualité). Étant donné la gamme d'appels marketing explicites lancés aux consommateurs chaque jour, les déclencheurs subconscients qui font appel aux sens de base peuvent être un moyen plus efficace d'engager les consommateurs (Aradhna Krishna, 2011).

Claudet, 2011). La consommation se transforme alors en occasion de divertissement et de vécu hédonique. Firat et Dholakia (1998) parle d'une consommation qui procure du plaisir via une immersion totale du chaland dans une expérience originale. (Ritzer, 1999) avance que ce type de consommation dépasse la simple fonction économique jusqu'à toucher la quête spirituelle et idéologique et se substituer ainsi à l'État comme producteur mythique et comme régulateur social.

Badot et Cova (2010) actualisent les travaux de nombreux chercheurs sur la thématique de la consommation ré-enchantée (Firat et Venkatsh, 1995 ; Sherry, 1998 ; Rieunier et Volle, 2002) et posent un cadre d'analyse ethnosociologique à travers trois axes fondamentaux de lecture structurants cette thématique, à savoir : la défiance institutionnelle, le redimensionnement microsocial et la revanche du sacré.

Sur la défiance institutionnelle, les chercheurs parlent du développement d'un lien entre le consommateur et les offreurs du marché qui dépasse le cadre des affaires, et de fait, ses offreurs et plus particulièrement les entreprises de la grande consommation populaires, sont devenues plus proche des individus que les institutions (État, servies publiques, etc.). Ces dernières représentent désormais auprès de la communauté des consommateurs un ensemble de comportements pervers, tel que l'abus de pouvoir et de position dominante. Or, les entreprises aident les consommateurs à supporter ce genre de comportements.

Une étude récente à caractère extra académique confirment cette vision. A travers des statistiques très solides, une collaboration entre Ipsos et l'agence Comfluence[32] montrent que les français accorderait plus de confiance aux dirigeants de grandes entreprises qu'à leurs propres politiciens et institutions publiques.

[32] CONFLUENCE / IPSOS. 2016. *Étude sur la communication des entreprises.* Août.

Le redimensionnement microsocial est la deuxième clé structurante de la théorie de la consommation ré-enchantée. Notons que les auteurs précisent que le 21ème siècle est l'ère du microsocial, des communautés, du communautarisme et des petits groupes d'individus qui vont se former auteur d'une thématique précise[33]. Il s'agit d'un scénario complétement diffèrent de celui du siècle précèdent où on était dans une perspective macrosocial (classes d'individus), dans le cadre de l'individualisme (psychologie de l'individu) comme vecteur de la construction identitaire de l'individu. Ce dernier s'implique alors dans quelques formes de regroupements microsociaux qui ont pour caractéristique principale de favoriser l'émotionnel et le passionnel au détriment du rationnel et du contractuel autour d'une passion, une activité, voir un objet de consommation commun.

Le social apparait ainsi comme un maillage de microgroupes sociétaux dans lesquels des individus entretiennent entre eux de forts liens émotionnels, des expériences similaires, une sous culture commune, une même vision du monde, etc. Auparavant, cette même strate sociale consistait en un ensemble de groupes sociaux stabilisés et structurés (CSP, classes, etc.) (Badot et Cova 2003). Ensuite, ils peuvent se réunir autour d'une activité comme les sports extrêmes, la course à pied, les collections de toutes sortes, ... qui sont perçus comme des aspirations légitimes à l'accomplissement de soi, et in fine au ré-enchantement du monde. Ce genre d'activité ou bien de passion exige un lien émotionnel fort dans un cadre collectif souple qui donne naissance à une tribu qui favorise l'échange et le partage avec un certain épanouissement à tous ses membres.

---

[33] L'émergence d'une poigné de discipline autour de cette notion marque particulièrement le management des entreprises. On parle d'un management 2.0 principalement communautaire, aussi, on parle de Community Management qui regroupe toute une gamme d'outils et de techniques permettant de constituer et de gérer les communautés numériques principalement sur les réseaux sociaux.

Le redimensionnement microsocial à grande échelle donne naissance à plusieurs tribus[34] dans lesquelles l'individu joue des rôles parfois très différents et porte des marques spécifiques (Cova et Cova, 2002). La dynamique qui se créera entre la tribu et le marchand donnera lieu à ce qu'appellent les chercheurs « l'expérience » définie : comme la valeur du lien d'un produit, une marque, un lieu de consommation, etc. C'est ici où la consommation dépassera la simple utilité économique et va jusqu'à devenir une activité créatrice de sens et d'identité pour le chaland. Sur ce point, Bauman (1999, p. 124) avance : « alors que les philosophes, les poètes et les moralistes du passé se demandaient si l'on travaille pour vivre ou si l'on vit pour travailler, le dilemme qui préoccupe nos contemporains se formule le plus souvent ainsi : doit-on consommer pour vivre ou vivre pour consommer ? ».

De facto, aujourd'hui, on consomme surtout pour exister en construisant son identité et non seulement pour vivre en répondant à des besoins primaires. Ainsi, les chercheurs vont conclure en précisant que dans un tel cadre, c'est plutôt le lien qui importe plus que le bien (Badot et Cova, 1995).

D'une manière synthétique, l'approche expérientielle est un fruit de la réflexion postmoderne à travers la théorie de la consommation ré-enchantée, qui stipule que des actions de théâtralisation permettent de donner un sens à la consommation et de redonner vie au secteur de la distribution physique par exemple. Dans la même lignée d'idées, un magasin physique ne sert plus qu'aux activités de magasinages et donc de shopping mais actuellement, il est un espace de divertissement et

---

[34] Dans son ouvrage *Le Temps des tribus - Le déclin de l'individualisme dans les sociétés de masse*, le sociologue français Michel Maffesoli utilise le terme "tribu" pour désigner les comportements et les rituels partagés au sein de certains microgroupes sociaux. Ces tribus sont principalement composées de jeunes, bien qu'elles puissent aussi inclure d'autres tranches d'âge, voire mélanger plusieurs générations au sein d'une même tribu. Chaque tribu possède ses propres rituels et codes. Cette réflexion a mené à l'émergence d'une littérature sur le concept de marketing tribal.

d'amusement qui est sensé ressusciter la vie aux consommateurs via une offre commerciale pré-réfléchie appelée « expérience ».

Cette expérience va faire immerger le chaland dans un univers imaginaire de la marque (Filser, 2001), et le faire vivre ainsi un vécu parfait au sens de (Frow et Payne 2007). Ces auteurs proposent un papier qui examine le concept d'expérience client et comment une expérience client « exceptionnelle » ou « parfaite » peut être réalisée à un coût abordable. Avec des études de cas de deux grandes entreprises, ils illustrent leurs approches pour créer l'expérience client « parfaite ».

La revanche du sacré qui est la dernière pièce du puzzle peut être résumé par l'affirmation suivante :

« Avec le rejet du matérialisme et la quête d'authenticité, la recherche de rituels et leur intégration dans le produit peuvent jouer le rôle de mémoire active d'une société en quête de sacré » (Badot et Cova 2003).

En fait, Mircea Eliade remarque que l'homme moderne souffre d'une déréliction et qui en est le responsable. Le polyglotte roumain peaufine sa réflexion en précisant que l'individu moderniste a entre autres troublé voire interrompu la production collective du mythe religieux, et de toutes sortes d'activité créant du sens, suscitant ainsi un déséquilibre identitaire que ce dernier essayera de combler par voie de consommation.

L'hypothèse du sacré comme besoin non satisfait peut être confirmée par la mythologie moderniste, qui confirme la présence d'un besoin de sacralisation non satiétogène, surtout dans la société occidentale. La société orientale étant écartée de cette analyse même si que la tendance actuelle tend vers le contraire, disons une désacralisation. Ce besoin est alors éternel et il n'y a aucune raison pour qu'il ne s'éprouve pas, abstraction faite à la zone spatio-temporelle (Mircea Eliade, 1956).

Le néo-consommateur va chercher ce sacré sempiternel dans la consommation émancipant ce dernier du religieux. Il avance aussi que plus globalement la religion est mal interprétée, et quelle doit dépasser l'aspect croyance en des divinités pour devenir une forme expérientielle du sacré.

2.3. La CCT : un cadre théorique de l'étude de la consommation

Une tradition en matière de recherche scientifique en marketing veut que quand nous nous positionnons du coté culturel (aspects socioculturels, expérientiels, symboliques, et idéologiques) pour étudier le phénomène de la consommation et plus particulièrement le comportement du consommateur, c'est que nous sommes bien inscrits dans le cadre théorique des CCT (Figure 5). Dans notre cas les CCT offrent, en effet, un cadre d'analyse théorique pertinent, elles synthétisent plus de 20 ans de recherche scientifique dans le domaine de la consommation et elles ont répondu aux appels récurrents pour développer un corpus distinct de connaissances théoriques sur la consommation et les comportements des consommateurs.

Figure 5 : Nomenclature de la *Consumer Culture Theory*

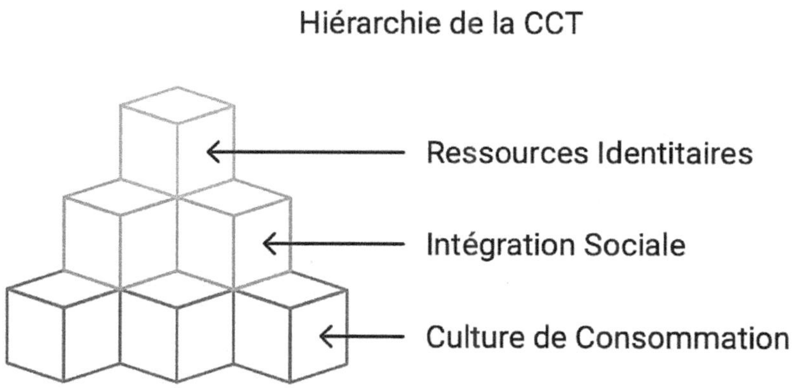

Source : Élaborée par les auteurs

Le principe fondamental de cette théorie est que la consommation n'est pas uniquement un phénomène marchand mais une culture avec ses mythes, ses rites et ses récits (Benoit Cordelier, 2010). Les individus utilisent ainsi la consommation comme facteur d'intégration sociale mais aussi par les ressources identitaires qu'elle leur fournit.

La CCT est d'une couleur indéniablement anthropologique et c'est Miller (1995) qui exhorta à la communauté anthropologique pour qu'elle étudie la consommation à côté de la production, chose qui a contribué à engendrer un changement de fond dans la recherche sur le comportement du consommateur.

Au début, une phraséologie hétérogène a été utilisé pour décrire cette approche tout à fait récente, on parle alors en terme d'approche postmoderne, interprétative, humaniste, naturaliste, etc. Toutefois, le terme officiel de la "théorie de la culture de la consommation" a vu le jour en 2005 entre les mains de Arnould et Thompson (2005). Depuis, la CCT (Consumer Culture Theory) est devenue le sigle le plus reconnu et utilisé dans toutes les grandes revues spécialisées en marketing.

Ici, nous nous sommes principalement basés sur des articles qui donnent une vue d'ensemble de la recherche sur la CCT, il s'agit notamment de :

- Journal of Consumer Research,
- Journal of Marketing,
- Journal of Marketing Research,
- Journal of Retailing,
- Consumption, Markets and Culture,
- Qualitative Market Research.

Comme définition, la Consumer Culture Theory (CCT) est l'étude des choix et des comportements en matière de consommation d'un point de vue social et culturel, par opposition à un point de vue économique ou psychologique. Elle n'offre pas une grande théorie unificatrice mais "fait référence à une famille de perspectives théoriques qui traitent des relations dynamiques entre les actions des consommateurs, le marché et les significations culturelles" (Arnould, E. J. et Thompson, C. J., 2005).

C'est aussi une méthode d'évaluation de la consommation qui s'écarte des cadres habituels de l'économie et de la psychologie, elle propose « une vision distribuée de la signification culturelle » (Hannerz 1992 : 16), une signification créée, soutenue et transformée par des forces sociales et culturelles plus larges telles que les mythes, les récits et les idéologies.

Indépendante, la CCT émerge néanmoins de systèmes socio-économiques particuliers, l'impact de la mondialisation et du capitalisme de marché étant explicite dans toutes les études sur la CCT (Arnould et Thompson 2005 : 869).

Depuis la fin des années 70, les chercheurs ont discuté du besoin de nouvelles perspectives dans la recherche sur la consommation (Belk 1975 ; 1976). Les CCT trouvent leurs racines dans ces discussions, et plus particulièrement dans l'enquête naturaliste incarnée par le projet Consumer Behaviour Odyssey[35] au milieu des années 1980, lorsqu'un groupe de chercheurs en consommation a traversé les États-Unis dans un camping-car pour mener une étude ethnographique (Belk, Sherry et Wallendorf 1988 ; Belk, Wallendorf et Sherry 1989). La littérature qui en a résulté a suscité un intérêt intense pour la recherche sur la consommation qui a mis en évidence les complexités culturelles et sociales de la consommation (Graeber 2011). Parmi les anthropologues souvent cités dans la recherche interprétative sur la consommation, citons Appadurai (1986 ; 1996), Arvidsson (2006), Callon, Méadel et Rabeharisoa (2002), Douglas et Isherwood (1979), Mazzarella (2003), Miller (1987), Moeran (1996 ; 2006) et Schor (1998), Wilk (2006).

[35] Dans l'Odyssée d'Homère, Ulysse (ou Ulysse pour les Romains) a vécu dix années d'obstacles, de défis et d'aventures sur le chemin du retour en Ithaque après la guerre de Troie. Ce voyage l'a amené à vivre des expériences extraordinaires avec des géants, Hadès, des sirènes, des dieux, des monstres et des peuples étranges, autant d'éléments qui font l'objet de contes populaires et qui sortent de l'expérience quotidienne des Grecs. La Consumer Behaviour Odyssey est un projet de chercheurs pleines d'inspiration, et par analogie, il considère le domaine du comportement du consommateur sous ses différentes formes, lieux et perspectives comme une Odyssée à explorer.

La CCT met en lumière les aspects contextuels, symboliques et expérientiels de la consommation tout au long du cycle de consommation, de l'acquisition à la consommation et à la disposition (Arnould et Thompson 2005), en englobant des cadres interprétatifs, critiques. Elle entremêle des disciplines aussi variées que l'anthropologie, la sociologie, l'étude des médias, les études critiques, etc. (Arnould 1989 ; Belk 1988 ; 2010 ; Kozinets 2001). Chaque domaine de recherche offre un angle unique pour étudier le comportement de consommation ; de nombreux chercheurs utilisent plusieurs angles pour créer des cadres de compréhension (Belk 2010; Kozinets 2008).

Arnould et Thompson (2005) identifient quatre domaines dans lesquels un certain nombre de chercheurs ont apporté des contributions théoriques et méthodologiques. Il s'agit de :

1) Les projets d'identité des consommateurs :

Les projets d'identité des consommateurs, tels que l'étude de Schau & Gilly (Schau, H. J.; Gilly, M. C., 2003)sur l'espace web personnel, qui a étudié la manière dont les consommateurs créent un soi cohérent à travers les matériaux produits par les spécialistes du marketing.

2) Les cultures de marché :

La culture du marché, telle que l'étude de Schouten & McAlexander Schouten, (J.; McAlexander, J. H., 1995)sur la sous-culture Harley-Davidson, qui a étudié les consommateurs en tant que producteurs de culture. Ce programme de recherche s'appuie notamment sur le concept de néo-tribus de Maffesoli (Maffesoli, Michel 1995-12-05). Les études sur les tribus de consommateurs se sont concentrées, par exemple, sur la culture du clubbing et la culture du surf (Goulding, Christina ; Shankar, Avi; Canniford, Robin , 2013).

3) Le modèle socio-historique de la consommation :

Les modèles sociohistoriques de consommation, comme l'étude de Holt (Holt, D. B., 1998) qui a examiné l'influence du capital social sur les choix de consommation.

4) Les idéologies de marché médiatisées et les stratégies d'interprétation des consommateurs :

Les idéologies des marchés médiatisés et les stratégies d'interprétation des consommateurs, comme l'étude de Kozinets (Kozinets, Robert V 2002) sur le festival Burning Man, qui a examiné les idéologies et les identités des consommateurs sont influencées par la mondialisation économique et culturelle et comment les systèmes de produits culturels orientent les consommateurs vers certaines idéologies ou projets identitaires.

Reflétant une société postmoderniste, la CCT considère que les significations culturelles sont nombreuses et fragmentées (Firat, A. F.et Venkatesh, A., 1995) et donc que la culture est un amalgame de différents groupes et de significations partagées, plutôt qu'une construction homogène (comme la culture américaine).

La culture de consommation est considérée comme un « arrangement social dans lequel les relations entre la culture vécue et les ressources sociales, entre les modes de vie significatifs et les ressources symboliques et matérielles dont ils dépendent, sont médiatisées par les marchés » (Arnould, E. J., 2006) et les consommateurs comme faisant partie d'un système interconnecté de produits et d'images produits commercialement qu'ils utilisent pour construire leur identité et orienter leurs relations avec les autres (Kozinets, R. V., 2001).

Il existe une perception erronée, largement répandue chez les personnes extérieures aux chercheurs en CCT, selon laquelle ce domaine est orienté vers l'étude des contextes de consommation (Arnould, E. J. et Thompson, C. J., 2005). Des contextes d'étude mémorables, tels que la sous-culture Harley-Davidson (Schouten, J.; McAlexander, J. H., 1995) ou le festival Burning Man (Kozinets, Robert V, 2002), ont probablement alimenté cette perspective, qui est loin de l'objectif de développement théorique de cette école de pensée (Mircea Eliade, 1956).

Bien que la CCT soit souvent associée à des méthodologies qualitatives, telles que les entretiens, les études de cas, les méthodes ethnographiques, ainsi que les méthodes « netnographiques » (Kozinets, Robert V., 2002) - qui sont bien adaptées à l'étude des aspects expérientiels, sociologiques et culturels de la consommation, - celles-ci ne sont pas une condition préalable à la contribution de la CCT (Arnould & Thompson 2005). Ceci dit, elle peut trouver échos même dans la gamme des méthodes de recherche quantitatives.

Pour ce qui est de ses domaines d'études, la CCT touche à quatre programmes de recherche :

Suivant l'œuvre « *Consumption Matters: The Production and Experience of Consumption*»[36]des sociologues de la consommation avancent que l'expérience de consommation biaise la vision du consommateur, en se focalisant plus sur le contexte social dans lequel l'individu se situe par rapport au marché et selon la lecture toute expérience de consommation n'est donc pas forcément une expérience de consommation marchande ou « expérience de consommateur ». L'expérience de consommation d'un repas chez des amis relève ainsi d'une sphère qui échappe au marché et aux marketers même si certains produits issus du marché peuvent y être consommés.

MacInnes et Folkes (2010) affirment que le comportement du consommateur un domaine d'études multidisciplinaires avec des sous-disciplines qui le font évoluer. Plutôt que d'être séparées en camps de recherche distincts, les sous-disciplines sont unifiées par une préoccupation capitale concernant l'acquisition, la consommation et l'élimination des entités du marché. En effet, la spécialisation a entraîné une augmentation du nombre de sous-domaines (Arnould et Thompson, 2005). En outre, MacInnes et

[36] L'ouvrage avance que la consommation compte pour tous et rassemble une sélection d'articles qui synthétisent les principaux changements intervenus dans la structuration et la signification sociale de la consommation. Il est basé sur une série de séminaires financés par l'ESRC (1994-1996) auxquels ont participé des sociologues, des anthropologues sociaux et des chercheurs en politiques. En plus des rapports sur les études empiriques, une introduction longue est fournie et les orientations futures de la recherche en sciences sociales, en particulier de la recherche sociologique, sont discutées.

Folkes (2010) affirment que la spécialisation peut alimenter de nouvelles idées et dynamiser le domaine.

Dans notre examen de la littérature sur le CCT, nous avons identifié des articles importants qui pourraient être classés comme de nouveaux hybrides de sous-champs. L'étude d'Allen (2002) critique explicitement les théories du choix dans le comportement du consommateur et propose une autre approche qui complète les processus de décision. Cristel et Levy (2011) utilisent une approche culturelle en discutant de la consommation répétée comme une expérience extraordinaire remplie du luxe émotionnel du plaisir, de sensations nouvelles et de la perspicacité intellectuelle, montrant que la re-consommation hédonique n'est pas simplement habituelle, addictive ou même rituelle...Bref, la consommation expérientielle est née.

A travers le paradigme expérientiel, le marketing propose une consommation qui a un sens, une consommation qui permet de répondre aux besoins existentiels des consommateurs et ainsi leur permet de se forger une identité. Dans le chapitre suivant nous discutons de ce type de consommation en deux temps. Un premier temps pour rendre compte du développement des écrits académiques et la matière et un second temps pour imager son développement qui a touché finalement plusieurs domaines.

CHAPITRE 2 : DE LA GÉNÉALOGIE DE L'EXPÉRIENCE À SA DÉFINITION : DIMENSIONS ET IMPLICATION POUR LE MARKETING ET LA RECHERCHE

« *J'ai appris que les gens vont oublier ce que tu as dit,*

les gens vont oublier ce que tu as fait,

mais les gens n'oublieront jamais comment ils se sont sentis avec toi ».

Maya Angelou[37]

Ici, la consommation est plus émotionnelle, hédonique, subjective et sensible qu'utilitaire, fonctionnelle, économique et objective. Comme déjà mentionné auparavant, quand on parle de consommation expérientielle, on est plus des consommateurs du sens des produits que des produits eux-mêmes (J. Baudrillard, 1970). C'est une activité qui produit un sens qui appréhende des dimensions beaucoup plus complexes que l'économique, le fonctionnel et le mécanique (J. Baudrillard, 1970). Le consommateur adopte un comportement hédonique et part à la quête de plaisir et d'émotion et trouve refuge dans la consommation (Caru et Cova, 2006).

Cette recherche perpétuelle de stimulus affectif et émotionnel n'a rien de nouveau et remonte à un mouvement culturel européen du 18ème siècle : le romantisme (Holbrook, 1997). Rompant avec le classicisme, le romantisme entend donner une place prépondérante à l'imagination et à la sensibilité. Il est caractérisé par une préférence envers le sentiment contre la

[37] Maya Angelou est une poétesse, écrivaine, actrice et militante américaine. Figure importante du mouvement américain pour les droits civiques, elle est devenue une figure emblématique de la vie artistique et politique aux États-Unis où ses livres sont au programme des écoles. Elle a reçu des dizaines de récompenses et plus de 50 diplômes honorifiques. Elle est surtout connue pour sa série de sept autobiographies, consacrées à son enfance et à ses expériences précoces.

raison, célébrant le mystère et le fantastique et cherchant l'évasion dans le rêve, le sublime et l'exotisme (Novalis, Fragmente et Studien, 1797). Le romantisme proche de l'hédonisme est associé à la recherche de plaisirs intensifies et d'émotions exorbitantes. A fortiori, explique l'hédonisme qui devient plus un style de vive désavantageant la réalité routinière au détriment de l'imaginaire et du changement. L'individu cherche à révolutionner son quotidien et à rompre avec sa routine, il trouve dans l'hédonisme une issue qui fait de lui le héros d'une « romance » ; la romance de sa vie quotidienne (Abrahams, 1986).

De surcroit, le consommateur devient un être émotionnel, à l'affut d'expériences extraordinaires et sensibles (Maffesoli, 1990) et le marketing comme appareil managériale n'a fait que suivre ce dernier en le submergeant dans des expériences délicatement théâtralisées…

On parlera ad vitam æternam des travaux précurseurs d'Holbrook et Hirshman (1982), qui ont fait de l'expérience une approche voire un paradigme tout entier. C'est une nouvelle manière de considérer le phénomène consommatoire qui rompe complètement avec les approches classiques et traditionnelles de types behavioristes et cognitivistes. Ces approches complètement centrées sur la recherche d'informations, le traitement des mécanismes d'influence dans les choix et les prises de décisions du consommateur sont, in fine, insuffisantes dans l'explication du comportement du consommateur.

Quant à l'approche expérientielle, elle nous invite à étendre notre angle de d'analyse en mettant à côté des variables de l'approche classique, des variables de l'approche expérientielle qui sont beaucoup plus symboliques et émotionnelles. Toutefois, il est à préciser et à confirmer que l'approche expérientielle ne remplace en aucun cas l'approche cognitiviste classique qualifiée « l'approche de traitement d'information », mais vient beaucoup plus pour l'enrichir et la compléter (tableau 1).

Tableau 1 : Complémentarité entre théories du traitement de l'information et approche expérientielle au regard du système de réponse du consommateur

Système de réponse	Traitement de l'information	Approche expérientielle
1 - Cognitif	Mémoire	Inconscient
	Structure de connaissances	Imageries
	Croyances	Fantasmes/rêveries
	Génération de pensées	Associations libres
	Protocoles	Techniques projectives
2 - Affectif	Attitudes	Emotions
	Préférences	Sentiments
3 - Comportement	Achat	Utilisation
	Décision d'achat	Expérience de consommation
	Choix	Activités

Source : Holbrook et Hirschman, 1982 ; Filser, 1993

Plus particulièrement, « l'approche de traitement d'information » a longuement dominée l'étude du comportement du consommateur, et décrit le consommateur comme possédant une capacité limitée de traitement de l'information. Il implique que les consommateurs analysent rarement les alternatives complexes dans la prise de décision et appliquent une stratégie très simple. Il est introduit par Bettman (1979) sous la formule anglaise « *information processing theory of consumer choice* ». La principale force de cette perspective est l'extrême richesse des détails et la profondeur générale de la description de la façon dont les consommateurs individuels développent et mettent en œuvre des règles de décision pour atteindre leurs objectifs et, dans ce processus, acquièrent et évaluent l'information (Hughes, 1974).

Figure 6 : Avantages et inconvénients de l' IPT

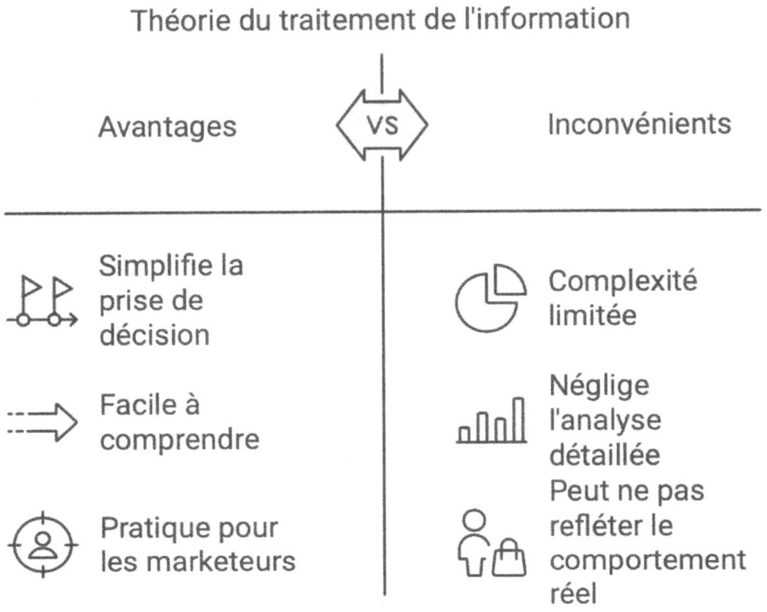

Source : Élaborée par les auteurs

L'étude du comportement du consommateur est de nature interdisciplinaire, et l'orientation dominante de Bettman le réduit à sa simple composante cognitive. Quelques années après, cette perspective a reçu une poigné de critique (Graillot, 1998). Entre autres, la faiblesse est la difficulté de généraliser les résultats à travers les individus et les situations.

La notion d'expérience de consommation, deviendra un élément phare de compréhension du comportement du consommateur (Addis et Holbrook, 2001). Ses apports au discernement du comportement du consommateur ont été accentués nombre d'occasions (Bourgeon, 1994 ; Bourgeon et Filser, 1995 ; Bourgeon, Debenedetti, Gombault et Petr, 2009). Elle devient aussi la pierre angulaire d'une nouvelle démarche marketing : « marketing expérientiel » (Schmitt, 1999) mais aussi l'élément phare d'une « économie de l'expérience » Pine et Gilmore, 1999).

1. L'expérience de consommation : un concept messianique ?

La littérature marketing rend un hommage sans retenue au concept de l'expérience. Les marketeurs le considère comme salvateur et messianique. Suite à la lecture critique menée par Gilles Marion (2001) dans son « Le Marketing Relationnel existe-t-il ? » paru dans le Décisions Marketing, il y pose la question rhétorique de « est-ce que le marketing relationnel existe-t-il ? » (Le concept de la relation y est aussi) pour monter finalement que le relationnel n'a réellement jamais existé et qu'on vrai, c'est l'expérientiel qui était là depuis le début. Son argument est que la relation n'est que le début d'une interaction client-entreprise, et que la suite et la synthèse de cette interaction est l'expérience.

Ainsi, Gilles Marion avance : « *Selon nous, il est inutile d'utiliser des 'gros mots' tels que changement de paradigme pour rendre compte de l'impact de l'utilisation de la notion de relation sur les pratiques contemporaines du marketer...De même, il est inutile de déplorer la 'mort prématurée' du marketing relationnel, car. Celui-ci. N'existe que dans la rhétorique promotionnelle des consultants en relation. S'il demeure pertinent de parler de relation dans les divers champs du marketing (inter-organisationnel, servies, grande consommation), ce n'est pas pour. Inviter le marketer à être plus 'intime ou plus 'amical' avec le client grâce à de nouvelles tactiques prétendante de 'ravir' mais pour mieux comprendre les conditions d'échange* ».

Chaney (2016) va jusqu'à considérer l'impact qu'a eu le concept de l'expérience sur la littérature marketing comme complétement disruptif[38]. Un concept messianique en effet, puisqu'il s'est introduit à la réflexion marketing au moment de doute et de crise. Plus concrètement, les années 1980 était celles d'épreuve et maintes marketeurs ont souhaité que les années 1990 seraient celles du recentrage autour d'un concept novateur et cohérent, celui de la relation. Hélas, quelques années après, l'approche relationnelle a montré ses bouts, Caru et Cova (2006) expliquent que « *...largement dues au fait que le marketing a trop* *instrumentalisé la relation entre l'entreprise et le consommateur. Le marketing s'est donc cherché un nouveau souffle au travers du concept d'expérience, mais il aura fallu attendre vingt ans pour que ce concept apparu dans le champ de la consommation en 1982 avec l'article pionnier de M. B. Holbrook et E. C. Hirschman (1982) soit ainsi proposé comme une piste de refondation du marketing* ».

Un nouveau paradigme est né et le paradigme fonctionnel est désormais surpassé, faute à son raisonnement trop réductionniste qui ne considère la consommation que sous son angle micro-économique et psychologique. Ce paradigme classique, se focalise sur la recherche d'informations et le traitement multi-attribut des mécanismes d'influence afin d'optimiser une transaction sous contraintes la figure 7 présente un modèle simplifié de cette vue dite fonctionnelle de la compréhension du comportement du consommateur. Selon Lilien et Kotler (1983) : « Un modèle est la spécification d'un ensemble de variables et de leurs interrelations, destiné à représenter un système ou un processus réel en intégralité ou en partie ».

La figure 7 représente un modèle à caractère pédagogique et simplificateur du modèle originel de Bettman (1979). Le consommateur au centre est entouré par deux sources d'informations, internes et externes. Les informations internes sont figurées plus ou moins fidèlement dans la mémoire active. Ces informations peuvent stimuler l'activation (appelée récupération) de pensées liées à l'objet qui ont été traitées précédemment. La capacité de la mémoire active étant limitée, les informations représentées dans la mémoire active doivent être stockées à long terme pour pouvoir être utilisées ultérieurement.

Les informations internes et les formations traitées précédemment représentées dans la mémoire active peuvent être stockées par un processus de répétition. La répétition implique l'association active d'attributs avec un objet. Le stockage des informations est considéré comme systématique. Les informations concernant un objet particulier sont stockées sous forme d'associations avec cet objet dans un ou plusieurs emplacements ou adresses de mémoire (Bettman,1979).

Figure 7 : Modèle élaboré des variables intervenantes dans le comportement du consommateur

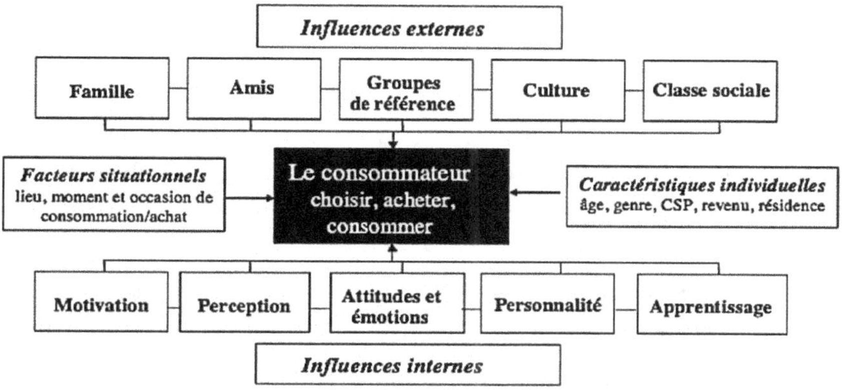

Source : Cours en psychosociologie du comportement du consommateur

Le modèle expérientiel, met à côté de ce traitement mécanique des variables qui expliquent que le consommateur cherche moins à maximiser un profit qu'à revendiquer une gratification hédoniste dans un contexte social ; la consommation provoquant des sensations et des émotions qui, loin de répondre seulement à des besoins, vont jusqu'à toucher à la quête identitaire du consommateur (Cova et Cova, 2001).

Comme nous pouvons le constater, l'expérience de consommation est loin d'être qu'une idée passagère ou un effet de mode c'est plus un élément de fond qui va jusqu'un changer a plus que jamais la discipline marketing, voire même, l'économie toute entière.

1.1. Les prémices d'un cycle de vie triarchique de l'expérience de consommation

1.1.1. Naissance : La notion de l'expérience tous azimuts

Tout d'abord, l'expérience est une idée qui, à première vue, parait bien courante et peut même paraitre un peu banale, cela revient au fait qu'elle est bien partagée voire même virale dans les champs de plusieurs disciplines. Succinctement, la philosophie lui trouve un sens et la considère beaucoup plus comme une méthode d'accès au réel pour appréhender le sens de la vie. L'expérience devient même le fondement de la méthode aristotélicienne appelée communément la méthode scientifique.

Pour l'anthropologie, l'expérience a plus rapport à ce bloc de croyance et d'imaginaire commun qu'on appelle la culture, et traite de la manière dont tout un chacun expérimente sa propre culture. Cependant, elle n'est surtout pas à confondre avec la notion d'évènement qui fait référence plus au groupe même de la société qu'a l'individu (Abrahams, 1986).

Quant à la psychologie, voire de la psychologie positive[39] . L'expérience est à la fois cognitive et subjective et marque un état mental atteint par un individu lorsqu'il est entièrement pris ou absorbé par une activité donnée. Elle a gagné beaucoup en notoriété après les travaux du psychologue hongrois Csikszentmihalyi (1977, 1990, 2006) qui jusqu'à en devenir la référence la plus citée en matière de travaux s'intéressant à la notion d'expérience. Selon ce dernier, l'expérience de flux (beaucoup plus connue sous l'anglais *Flow*) est : « *un moment exceptionnel pendant lequel ce que nous sentons, ce que nous souhaitons et ce que nous pensons sont en harmonie totale* » (Jarrier, 2010, p. 4 in Csikszentmihalyi, 1997).

[39] La psychologie positive a vu le jour officiellement en 1998 lors du congrès annuel de l'Association américaine de psychologie par son président de l'époque, Martin E. P. Seligman (son discours publié en 1999 dans le journal de l'APA, The American Psychologist).

Il tisse un lien subtil entre bonheur et expérience en précisant que le bonheur est par définition une expérience optimale. Celle-ci correspond à l'état dans lequel les gens se trouvent lorsqu'ils pratiquent une activité pour le plaisir. Atteindre « l'expérience optimale » nécessite « l'engagement dans une tâche précise qui fournit une rétroaction immédiate, qui exige des aptitudes appropriées, un contrôle sur ses actions et une concentration intense ne laissant aucune place aux distractions ni aux préoccupations à propos de soi et qui s'accompagne généralement d'une perception altérée du temps » (Csikszentmihalyi, 2006, p.77).

Figure 8 : Typologie des expériences de Csíkszentmihályi

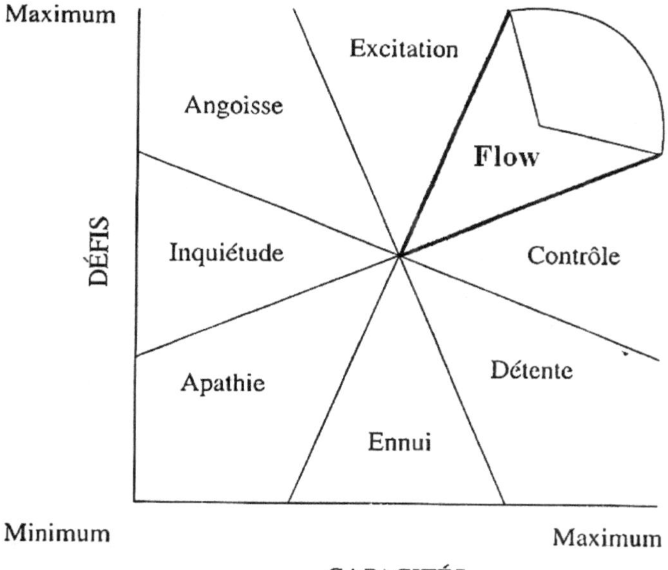

Source: Finding Flow, The psychology of engagement with everyday life, Mihály Csíkszentmihályi (1997)

Barth (1993) donne de brèves explications à chacune des typologies des expériences de Csíkszentmihályi :

1. La tâche entreprise est réalisable mais constitue un défi et exige une aptitude particulière ;

2. La tâche exige une concentration profonde qui absorbe et canalise l'attention ;
3. Cette concentration est rendue possible parce que l'activité a un but précis et bien compris ;
4. L'activité donne lieu à un feed-back immédiat, car on sait quand le but est atteint, l'activité ayant un sens pour elle-même ;
5. On agit en s'impliquant complètement mais sans vraiment ressentir l'effort comme quelque chose de douloureux. On n'est plus conscient des soucis et des frustrations de la vie quotidienne ;
6. On a le sentiment d'exercer un contrôle sur son action (et non pas d'être contrôlé par elle, comme dans le cas d'une dépendance, quelle qu'elle soit) ;
7. Le souci de soi disparaît, mais paradoxalement, le sens de soi se trouve renforcé après cette « expérience » ;
8. Le sens du temps est altéré, les heures deviennent des minutes et les minutes peuvent se prolonger en heures ».

De nombreux chercheurs ont repris la notion d'expérience de flux, notamment Abrahams (1986) qui introduit la notion d'« expérience extraordinaire » par opposition à « expérience ordinaire », Denzin (1984, 1989, 1990, 1992) qui parle la notion d'« expérience épiphanique » qui traduit des situations de rupture avec la routine de la vie quotidienne et implique des transformations profondes chez l'individu qui redéfinit de manière radicale son identité personnelle. Il propose quatre formes d'expériences épiphaniques :

a) Le bouleversement majeur qui change une vie pour toujours (par exemple, un homme qui devient handicapé après un accident) ;
b) Le bouleversement cumulatif qui renvoie à l'étape finale d'une crise dans la vie personnelle (par exemple, une femme battue qui quitte finalement son foyer) ;
c) Le bouleversement illuminatif (par exemple, lors d'un voyage en Asie, on se rend compte des conditions de travail qui permettent d'avoir une consommation moins

coûteuse et on devient un consommateur (plus) responsable) ;

d) Le moment revécu, où la personne, après qu'un événement se soit déroulé, en tire les conséquences (par exemple, une femme veuve qui se sent progressivement plus libre d'accepter un nouvel amour dans sa vie) (Denzin, 1992, p. 83).

1.1.2. Développement : de l'écho dans les sciences de gestion

Pour Belk (1986), le comportement du consommateur n'est pas une sous-discipline marketing et précise que c'est une discipline académique toute entière qui appartient au champs des sciences de gestion, plus précisément, il avance : « Ma vision est que le comportement du consommateur est une discipline à part entière, avec une variété de groupes constitutifs, mais sans aucune loyauté envers une discipline ou un groupe d'intérêt existant. En d'autres termes, le comportement du consommateur ne devrait pas être une sous-discipline du marketing, de la publicité, de la psychologie, de la sociologie ou de l'anthropologie, ni l'esclave des entreprises, du gouvernement ou des consommateurs. Il devrait au contraire être un domaine d'étude viable, au même titre que ces autres disciplines, avec une certaine pertinence potentielle pour chacun de ces groupes constitutifs »

Toutefois, il y a indéniablement toutes sortes de lien entre le marketing et le comportement du consommateur et la notion d'expérience trouve refuge dans les deux, même si qu'au début, c'était plus un élément de définition du comportement du consommateur qu'un concept utilisé pour concevoir une tactique ou pour ficeler une stratégie marketing. Ainsi, il est associé aux travaux sur l'affectif et aux tentatives de dépasser les traditions cognitivistes et behavioristes beaucoup trop simplistes qui ont longtemps dominées.

En effet, début 1960 et jusqu'à la fin de 1970 , la plupart des chercheurs en comportement de consommation ont été influencé par les travaux dominants de Bettman (1979) et sa théorie de traitement de l'information qui est un modèle fondamentalement rationnel où le consommateur (Figure 9) est un individu qui décide suite au traitement de diverses informations (cognitions ou C) pour produire des préférences de marque (affect ou A) qui se traduisent par des engagements d'achat (comportement ou B).

Cognitions, affect et comportement pour mettre finalement l'accent sur le rôle des attributs tangibles d'un produit (caractéristiques ou F) dans la formation des croyances (perceptions ou P) qui conduisaient aux goûts et aux dégoûts (affect ou A). Ces approches F-P-A étaient les cousines proches des modèles C-A-B omniprésents, dans la mesure où elles s'appuyaient sur les aspects économiques rationnels des choix d'achat.

Figure 9 : Le processus décisionnel selon la théorie de traitement de l'information

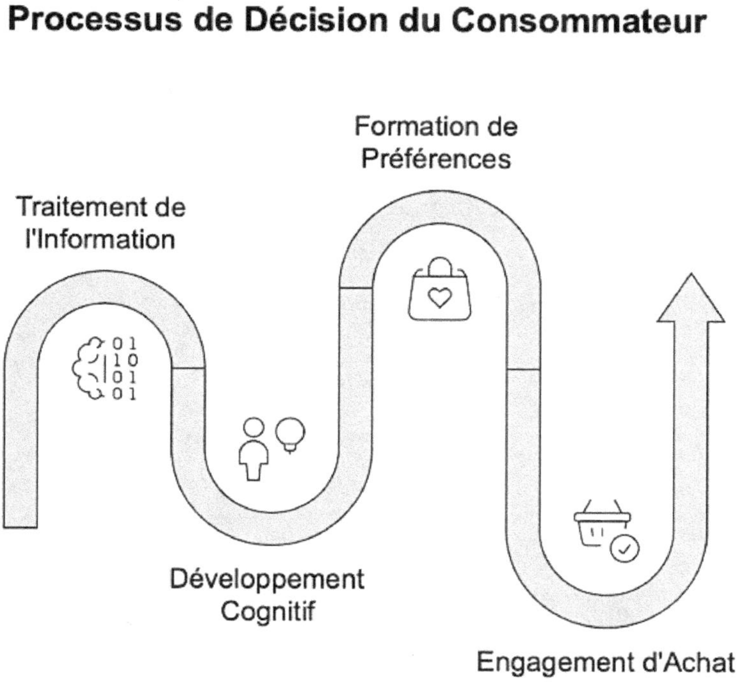

Source : Élaborée par les auteurs

Au début des années 1980, Holbrook et Hirschman ont proposé d'élargir le schéma C- A-B pour y inclure des aspects de ce qu'ils ont appelé une "vision expérientielle" (Figure 10) axée sur les fantasmes (pas seulement les croyances ou perceptions cognitives mais aussi divers rêves, rêveries, matériel inconscient, significations symboliques) ; les sentiments (pas seulement l'affect sous la forme de ce que l'on aime ou n'aime pas, mais aussi diverses émotions telles que l'amour, la haine, la joie, la tristesse, la colère, la peur, l'acceptation, le dégoût) ; et le plaisir (pas seulement les achats, mais aussi les diverses activités liées à l'utilisation d'un produit dans le cadre de la vie quotidienne).

Ils sont ainsi présentés sous l'acronyme 3F (pour *Fun, Feeling, Fantasy*) et explique l'expérience comme « *un état subjectif de conscience lié à une variété de significations symboliques, de réponses hédoniques et de critères esthétiques* » (Holbrook et Hirschman, 1982). Ces variables (« *fantasies* », « *feelings* » et « *fun* ») permettent de comprendre le comportement d'un individu lorsque l'expérience qu'il vit est plus importante que les attributs du produit ou du service consommé (Bourgeon et Filser, 1995).

Figure 10 : Simplification de la vision expérientielle de la consommation

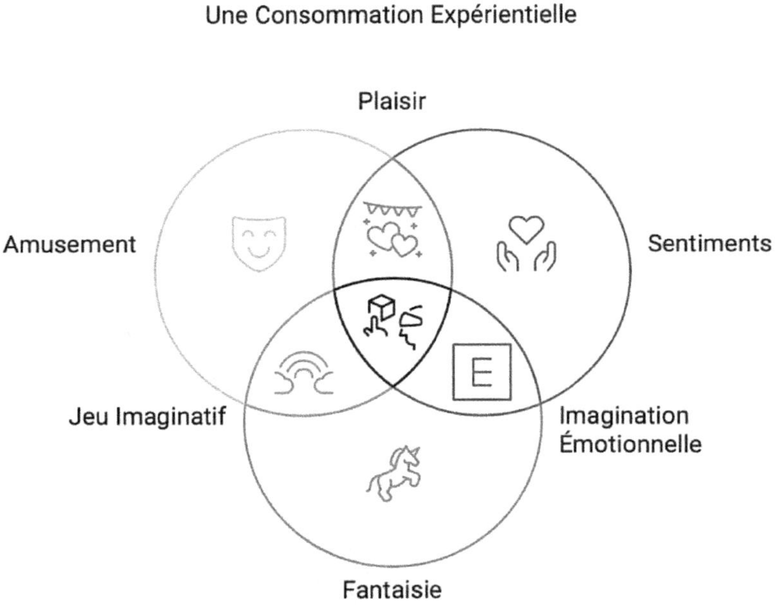

Source : Élaborée par les auteurs

Ces auteurs ont reconnu les rôles jusqu'ici négligés des aspects hédoniques (plutôt que des avantages purement utilitaires) ; des significations symboliques (plutôt que des caractéristiques tangibles) ; l'esthétique, le jeu, la spiritualité ou l'éthique comme types de valeur intrinsèque (en plus des types plus extrinsèques de valeur économique ou sociale) ; et les offres négligées dans le domaine des arts et du divertissement (au-delà de la préoccupation conventionnelle pour des produits fonctionnels comme les détergents, le dentifrice, le yaourt ou les appareils ménagers) (Hirschman et Holbrook 1981).

La thèse défendue par le courant expérientiel, est que le modèle théorique classique de l'*«information-processing theory »* (la théorie du traitement de l'information[40]), ne peut jamais à lui seul expliquer le comportement de consommation et de proposer un modèle inclusif voire holistique qui regroupe aussi les variables cognitives qu'affectives. Ainsi, l'expérience client peut être qualifié de phénomène subjectif que l'entreprise ne peut jamais maîtriser totalement (Verhoef et al. 2009).

En ce sens, Caru et Cova (2006) montrent que chaque acte de consommation comprend indéniablement les deux dimensions : une objective (l'analyse des attributs objectifs) et autre subjective (l'ensemble des réponses subjectives). Quand la subjectivité prend le dessus sur l'objectivité – explosion de subjectivité (figure 10) - c'est que l'offre est plus hédonique qu'utilitaire et qu'on est sur le cas d'une consommation qualifiée d'expérientielle.

---

[40] L'approche des théories du traitement de l'information pour l'étude du comportement du consommateur est issue de la tradition expérimentale américaine en psychologie. La théorie est basée sur l'idée que les consommateurs traitent les informations qu'ils reçoivent, plutôt que de simplement répondre à des stimuli. La théorie du traitement de l'information explique le comportement des consommateurs en termes d'opérations cognitives. Contrairement aux théories précédentes, elle ne se limite pas à postuler des états subjectifs (traits, attitudes, etc.) comme causes du comportement. La théorie du traitement de l'information cherche un compte rendu plus mécaniste. Le comportement est une conséquence non seulement de ce à quoi les gens pensent, mais aussi de la façon dont ils y pensent.

Figure 11 : Une consommation expérientielle résultant de l'explosion de subjectivité

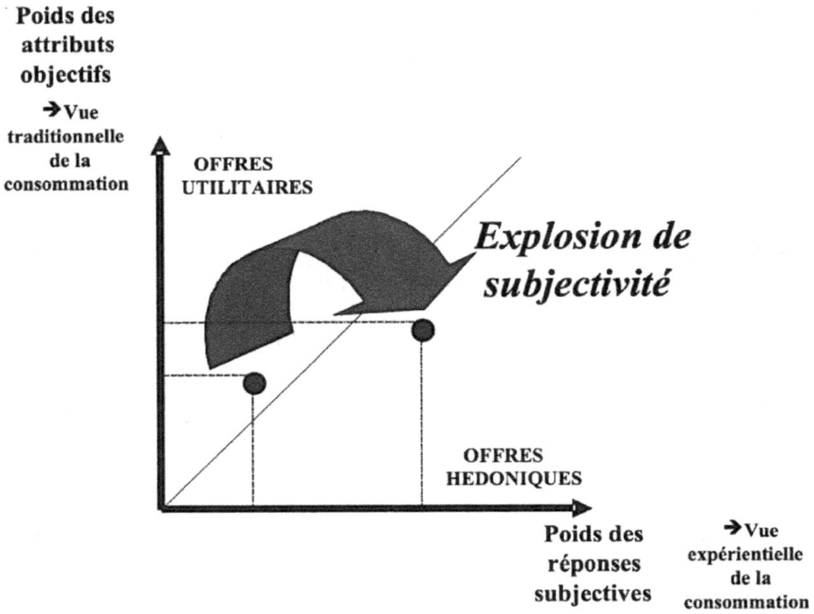

Source : Expériences de consommation de la manipulation a la compromission ? (Cova et Cova 2004)

1.1.3. Fleurissement : Une hégémonie totale

La littérature marketing et sur le comportement du consommateur est de plus en plus orientée vers des travaux sur l'expérience. Ces différents travaux ont donné lieu à un vaste corpus de recherches sur l'expérience de consommation, en croissance continue jusqu'aux dernières années (figure 12).

Figure 12 : Références à "l'expérience du consommateur" ou "l'expérience de la consommation" dans la littérature depuis 1982

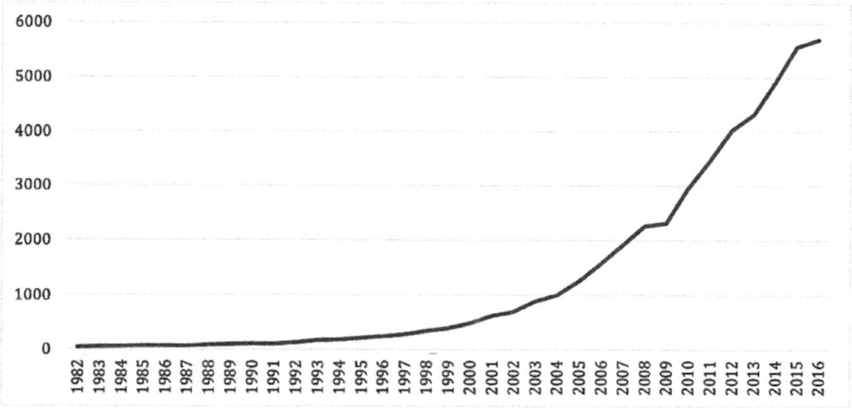

Source : Google Scholar

Sa définition est parrainée par le paradigme P.O.S (Personne – Objet – Situation) (Punj et Stewart, 1983). Elle est donc est une interaction entre une personne, un objet de consommation dans une situation donnée, envisageable sous la forme d'un processus à quatre phases (Figure 13).

Suite à cette littérature prolifique, certains auteurs ont tenté de proposer des modèles intégratifs. Par exemple, le modèle dynamique de la réponse affective (Cohen et Areni, 1991), le modèle de la valeur de l'émotion de la conscience (Holbrook, 1986) et, plus récemment, le modèle de la décision expérientielle (Kwortnik et Ross, 2007) qui visent tous à fournir une vision plus intégrée de la littérature, introduisant ainsi une vision en trois phases :

1) La première phase concerne les antécédents de l'expérience, c'est-à-dire les éléments individuels et environnementaux qui conduisent à la décision de consommation.

2) La deuxième fait référence au contenu de l'expérience en soi, ou à ce que les consommateurs pensent, ressentent et font pendant l'acte de consommation[41].
3) Le troisième englobe les conséquences de l'expérience, tant au niveau individuel qu'interindividuel.

Figure 13 : L'expérience en tant que processus

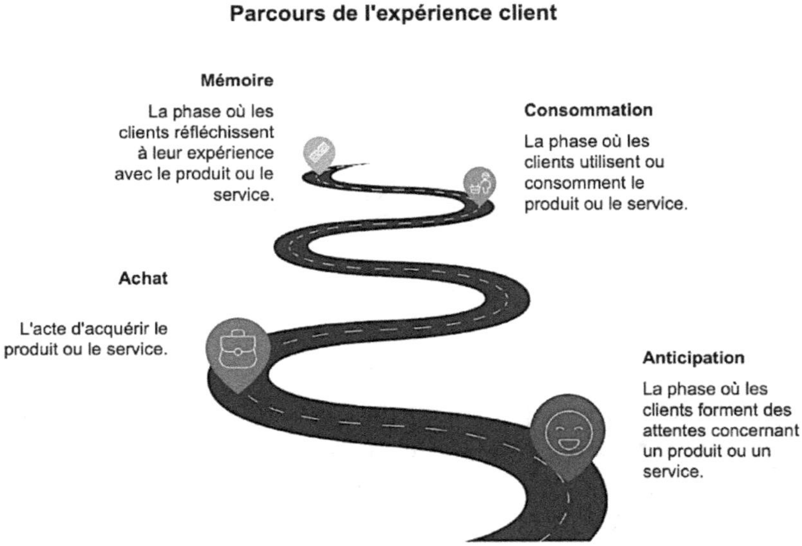

Source : Élaborée par les auteurs/Adaptée d'Arnould et al., 2002

Un autre type de perturbation est apparu avec l'introduction du concept d'expérience de consommation, en particulier la reconnaissance des consommateurs en tant qu'individus capables d'agir sur leurs expériences (Cova et Cova, 2009). Conformément à la subjectivité de l'individu soulignée par le modèle expérientiel, la littérature suggère ici qu'il ne suffit pas de créer

---

[41] Nous profitons de cette mention pour mettre en avant le manque de d'éléments de raiponces qu'il y toujours au niveau de cette phase. Comme nous serons capable de le démonter ultérieurement, la littérature expérientielle a considérablement négligé la phase du contenu de l'expérience comparée à la première phase et à la dernière phase que sont respectivement les antécédents et les conséquences de l'expérience.

des contextes expérientiels sophistiqués ; le consommateur doit également s'engager et interagir avec eux. Dans cette perspective, les individus ne sont pas considérés comme passifs mais comme étant à la recherche de significations et pleinement impliqués dans leur activité de consommation.

Cette vision place l'interaction entre le consommateur et le produit au cœur du paradigme expérientiel, comme le proposent Kwortnik et Ross (2007), qui considèrent l'expérience de consommation comme une interaction agréable et significative du consommateur avec le produit. Ce raisonnement du consommateur en tant qu'individu actif a été le premier pas vers la figure du " prosommateur " (Cova et Cova, 2009 ; Ritzer et Jurgenson, 2010), dans laquelle le consommateur apporte ses propres ressources et compétences pour co-créer de la valeur avec l'entreprise, comme le suggère la logique dominante du service (Vargo et Lusch, 2008).

Une perspective purement stratégique conseille de faire de l'expérience toute une stratégie d'entreprise dans une perspective de stratégie générique par différenciation (Pine and Gilmore 1998 ; Verhoef et al. 2009). Dans un jargon purement stratégique, elle permettra à l'entreprise de proposer une autre piste vers les stratégies de différenciation vers le haut, la sophistication, et ainsi proposer une offre de valeur supérieure à ces clients, en misant surtout sur l'aspect émotionnel de chaque acte de consommation.

La dimension émotionnelle est indispensable à l'offre expérientielle. Faire de l'expérience c'est être inscrit dans la vision Portorienne (M. Porter 1985) afin de résister à la concurrence, elle devient un avantage concurrentiel durable qui permettra à minima de défendre sa position concurrentielle, et à maxima de l'accroitre, et ainsi de gagner des parts de marché (Michaël Flacndji, 2015).

Finalement, force est de constater que ce courant a surtout trouvé un terrain assez considérable dans le secteur des services : distribution, loisirs et activités culturelles notamment. En particulier, on parle de l 'expérience de service[42] (Pine et Gilmore, 1999) qui est un concept fondamental dans la logique dominante des services. Depuis, la recherche sur l'expérience de service n'a cessé de se développer (Olsson et al., 2012) et maints chercheurs ont étudié entres autres la composition même de l'expérience de service (Kim, 2014 ; Mossberg, 2007 ; Pine & Gilmore, 1999). Toutefois, la conceptualisation initiale a été conçue par Pine et Gilmore (1999) et opérationnalisées ensuite dans l'industrie hôtelière par Oh et al, (2007). Les quarte dimensions en question sont des dimensions esthétiques, des dimensions relatives à l'éducation, le divertissement et l'évasion.

Berry et al. (2002) de leurs côtés ont souligné que l'expérience de service est composée d'indices ayant des caractéristiques fonctionnelles et émotionnelles. Les indices de l'expérience de service visent à compenser la nature intangible des services, à réduire le risque perçu associé à l'achat d'un service.

---

[42] Il va de soi que l'expérience de service, en raison de son rôle, est liée à plusieurs autres domaines des sciences sociales, tels que l'économie, la psychologie et les sciences de gestion. Cependant, un consensus de plus en plus large émerge concernant la nécessité d'une définition universellement acceptée de l'expérience de service, qui tienne compte de différentes perspectives.

Figure 14 : L'expérience de service selon Grove, Fisk et Bitner (1992)

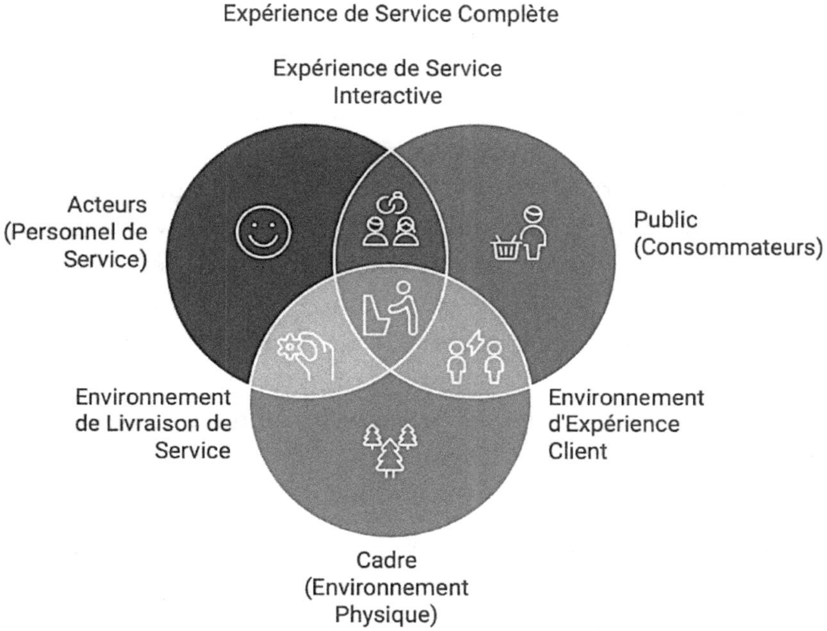

Source : Élaborée par les auteurs

Dans ce contexte, Grove, Fisk et Bitner (1992) ont fait valoir que de nombreux concepts et principes du théâtre pourraient être utilisés pour saisir l'expérience de service (Figure14). Ils ont déclaré que trois composantes théâtrales clés constituent l'expérience de service, à savoir les acteurs (personnel de service), le public (consommateurs) et le cadre (environnement physique). Le modèle de théâtre de service de Grove et al. (1998) permet de définir la composition de l'expérience de service et se concentre sur l'environnement physique (cadre), l'interaction avec les employés (acteurs) et l'interaction avec d'autres clients (public) en tant que dimensions définitoires de l'expérience de service.

2. Pour une généalogie de l'expérience

2.1. Définitions, caractéristiques et dimensions

2.2.1. Définitions

L'invention de l'idée d'une définition dans l'histoire des sciences serait l'œuvre de Socrate, une définition est alors un ensemble de traits qui circonscrivent un objet[43]. A cet effet, Socrate disait : « qu'il y aurait un caractère commun aux choses, une essence, dont la formulation est la définition ». Dans notre cas nous allons présenter une liste non exhaustive des différentes définitions de la notion de l'expérience, étalées d'une manière chronologique et tirée des travaux de M Fladndji (2015). Mais avant de le faire, nous tenons à préciser que le concept de l'expérience a été approché de deux manières différentes, une approche du côté de l'organisation et l'autre du côté du consommateur.

Faire la distinction entre les perspectives organisationnelles et les perspectives des consommateurs de l'expérience est donc théoriquement significative, car on ne peut pas supposer qu'une expérience est perçue par les consommateurs comme le souhaite l'entreprise. De même, l'expérience est perçue comme favorable par un consommateur peut ne pas avoir d'incidence positive sur les résultats de l'entreprise.

Par conséquent, les chercheurs proposent que le rapprochement des connaissances des deux points de vue puisse contribuer à une meilleure compréhension de l'expérience. Par conséquence, leur examen identifie deux niveaux de recherche en expérience sur les perspectives tant organisationnelles que du côté du consommateur. Toutefois, et de par la nature de cette recherche, nous nous intéressons à l'expérience du côté du le consommateur.

---

[43] Centre national de ressources textuelles et lexicales. *Du Trésor de la langue française informatisé*. Disponible sur : http://www.cnrtl.fr/.

Tableau 2 : Liste non exhaustive des définitions de l'expérience

Auteur(s) (date)	Dénomination et définition
Maslow (1968, p.73)	Expérience « pic » / paroxystique C'est un « moment de grande joie et d'accomplissement » au cours duquel l'individu peut ressentir sa véritable identité.
Csikszentmihalyi (1977, p.36)	Expérience optimale / « flow » « L'écoulement d'un moment au suivant, dans lequel il contrôle ses actions, et dans lequel la distinction entre le soi et l'environnement, entre le stimulus et la réponse, entre le passé, le présent et le futur tendent à disparaitre ».
Holbrook et Hirschman (1982, p.132)	Expérience de consommation « Phénomène dirigé vers la recherche de fantaisies, de sentiments et de plaisir » (*fantasies – feelings – fun*).
Arnould et Price (1993, p.25)	Expérience extraordinaire Elle est « déclenchée par des évènements inhabituels et caractérisée par des hauts niveaux d'intensité émotionnelle et d'expérience [...] un important déclencheur de cet état expérientiel est une interaction interpersonnelle ».
Schmitt (1999, p.60)	Customer experience « Elle implique tout l'être vivant. Elle résulte souvent de l'observation directe et/ou de la participation à un évènement – qu'il soit réel, onirique ou virtuel ».
Filser (2002, p.14)	Expérience de consommation « Ensemble des conséquences positives et négatives que le consommateur retire de l'usage d'un bien ou d'un service ».
Carù et Cova (2002)	Expérience de consommation « Vécu personnel – souvent chargé émotionnellement – fondé sur l'interaction avec des stimuli que sont les produits ou les services rendus disponibles par le système de consommation [...] ce vécu peut amener à une

	transformation de l'individu dans le cas des expériences dites extraordinaires ».
Ismail et al. (2011, p.208)	Expérience de consommation «Émotions provoquées, sensations ressenties, connaissance obtenue et compétences acquises à travers une implication active (du consommateur) avec l'entreprise avant, pendant et après la consommation ».
Antéblian et al. (2013, p. 95)	Meta-shopping experience « Ensemble des expériences vécues dans les différents canaux disponibles (physiques et virtuels) que le consommateur utilise pour optimiser la valeur utilitaire et/ou hédonique retirée de l'expérience ».

Source : Michaël Flacandji : « Du souvenir de l'expérience à la relation à l'enseigne. Une exploration théorique et méthodologique dans le domaine du commerce de détail. » 2015.

2.1.2. Les caractéristiques de l'expérience

- Suite à une analyse de la littérature expérientielle disponible, l'expérience de consommation jouit de ses propres caractéristiques, chose qui la distingue incontestablement comme paradigme alternatif (caru et cova 2006).
- Les caractéristiques présentées ci-dessous, sont le fruit des travaux de Vezina (1999) et de Grundey (2008) et font l'unanimité. Il s'agit de quatre traites saillants de l'expérience de consommation, et notamment :
- Le consommateur n'est pas que consommateur : Les individus ne sont pas uniquement des consommateurs, mais ils jouent différents rôles dans la société qui vont influencer leur manière de consommer, de choisir leurs produits, ... Il est de ce fait important de s'interroger sur la place qu'occupe la consommation dans la vie des divers individus qui ne consacrent pas tous autant de temps ou d'effort à leur rôle de consommateur.

- Le consommateur agit à l'intérieur de situations : Il n'est pas possible de produire des lois de comportement universelles car les facteurs situationnels influencent les sujets étudiés. La situation joue un rôle majeur en comportement du consommateur. On ne peut pas isoler les consommateurs de leur environnement. Un consommateur agira différemment, par exemple, selon sa situation financière ou le temps dont il dispose pour faire ses achats.
- Le consommateur est à la recherche de sens : Le consommateur est également un individu qui cherche à donner du sens à sa vie et qui, par conséquent, s'intéresse à la symbolique des produits ou services qu'il consomme. De ce fait, certains chercheurs s'intéressent à des thèmes tels que le lien entre une marque et le concept de soi du consommateur, le rôle des produits dans la cohésion sociale ou encore les valeurs et l'identité du consommateur.
- La consommation ne se limite pas à l'achat : La consommation ne se limite plus à quelques activités préachat (éveil du besoin, recherche d'information, évaluation, etc.), ni même quelques activités post-achat comme l'évaluation et satisfaction, mais une série d'autres activités qui influenceront les décisions et actions futures du consommateur (Chakor et Ait Boubkr, 2009).

De l'autre côté, Grundey (2008) essaye de montrer les particularités du marketing traditionnel et expérientiel et de démontrer pourquoi le marketing expérientiel est un meilleur moyen de comprendre le comportement du consommateur. Il procède alors à une analyse comparative qui montre les principales caractéristiques du marketing traditionnel et expérientiel. Les caractéristiques du marketing traditionnel sont les suivantes :

  - Caractéristiques fonctionnelles et supériorité du produit,
  - Catégories de produits déterminées,

- Point de vue du consommateur en tant que penseur rationnel,
- Application des méthodes analytiques, quantitatives et verbales,
- Point de vue mécanique du consommateur « réaction de stimulation ».

Comme nous pouvons le constater à partir des caractéristiques du marketing traditionnel, ce point de vue est insuffisant, car il n'évalue que l'un des aspects du comportement du consommateur : l'aspect rationnel, qui consiste donc à rechercher le plus grand avantage de l'achat voire un objectif d'optimisation. Pendant ce temps, le marketing expérientiel comprend les deux côtés du comportement du consommateur, à savoir : le coté rationnel et émotionnel et ils se manifestent à travers les caractéristiques sont les suivantes :

- Orientation vers l'expérience du consommateur,
- Regard sur l'expérience du consommateur dans son ensemble,
- Point de vue du consommateur en tant que penseur rationnel et aussi émotionnel,
- Éclectisme[44] méthodique, « du stimulus à la réaction ».

Il est aussi d'une importance capitale de considérer la position de Shmitt (1999). En particulier, il s'oppose à l'approche des caractéristiques et des avantages du marketing traditionnel où le consommateur est censé passer par un processus de décision réfléchi, où chacune des caractéristiques d'un produit ou d'un service particulier est considérée comme apportant certains avantages, qui sont tous évalués par l'acheteur potentiel. Pour lui, il s'agit d'une façon beaucoup trop limitée de considérer la décision d'achat, en mettant l'accent sur les éléments rationnels et

[44] D'après son étymologie, le mot éclectisme (du grec éclégéin, choisir) signifie étude de plusieurs objets pour prendre dans chacun ce qu'il y a de bon. Appliqué au marketing expérientiel, il désigne le procédé par lequel on essaye de retenir les meilleures thèses conciliables plutôt que d'essayer de concevoir un nouveau système.

logiques de la décision, et pas du tout sur les aspects émotionnels et irrationnels de l'achat.

Il propose alors un cadre alternatif basé sur deux éléments : les modules d'expérience stratégique (qu'il appelle SEM), qui sont différents types d'expériences, et les ExPros (abréviation de producteurs d'expérience) qui sont les diverses agences qui offrent ces expériences. Schmitt identifie cinq types d'expériences différentes ou "modules d'expérience stratégique" (SEM). Il s'agit de :

SENS : Ce sont les aspects sensuels et tangibles d'un produit ou d'une expérience qui font appel aux cinq sens que sont la vue, l'ouïe, l'odorat, le goût et le toucher. Les expériences sensorielles sont particulièrement utiles pour différencier les produits ou les services, pour motiver les clients potentiels et pour créer un sentiment de valeur dans l'esprit de l'acheteur.

FEEL : Ici, le marketing est consacré à l'induction d'affects (c'est-à-dire la création d'humeurs et d'émotions) qui adhèrent à l'entreprise et à la marque. Il est clair que des sentiments positifs ou négatifs à l'égard d'un produit ou d'un service influenceront la mesure dans laquelle il sera consommé.

THINK : L'objectif de ce type de marketing est d'encourager les clients à s'engager dans une réflexion élaborée et créative qui peut aboutir à une réévaluation de l'entreprise et des produits.

ACT : L'action est orientée vers la création d'expériences par le biais d'un comportement de la part du client, soit en privé, soit en compagnie d'autres personnes. L'objectif est de modifier le comportement et les habitudes à long terme en faveur d'un produit ou d'un service particulier.

RELATION : Le marketing relationnel va au-delà des sensations, des sentiments, des cognitions et des actions de l'individu en le mettant en relation avec le contexte social et culturel plus large reflété par une marque. En d'autres termes, le marketing relationnel joue sur l'identification du soi avec le contexte et les associations liées au produit ou au service utilisé.

Ces cinq différents types d'expériences (SEM) sont transmis aux individus par des fournisseurs d'expériences (ExPros), qui sont des véhicules tels que :

1. Communications : publicité, communications externes et internes de l'entreprise, campagnes de relations publiques ; identité visuelle et verbale et signalisation, y compris les noms, logos, couleurs, etc.

2. Présence du produit : design, emballage et présentation

3. Co-marquage : impliquant le marketing événementiel, les parrainages, les alliances et les partenariats, les licences, le placement de produits, etc. Et partenariats, licences, placement de produits dans des films, etc.

4. Les environnements spatiaux : qui comprennent le signe de de- externe et interne des bureaux de l'entreprise, les points de vente, les espaces pour les consommateurs et les foires commerciales, etc.

5. Les sites web.

6. Les personnes : vendeurs, représentants d'entreprise, prestataires de services à la clientèle, opérateurs de centres d'appels.

2.1.3 Dimensions

La présentation des différentes dimensions de l'expérience ne peut qu'affiner notre compréhension de cette dernière et in fine mettre à jour les variables sur lesquelles on peut s'appuyer pour enrichir le vécu du consommateur. Dans cette perspective, Roederer (2012) précise que les dimensions sont en quelque sorte les ingrédients de l'expérience du point de vue du consommateur, elle avance ainsi : « Les dimensions de l'expérience catégorisent ce que le sujet vit pendant l'expérience lorsqu'il mobilise une activité psychique pour interagir avec les éléments d'un contexte » (Roederer, 2012).

En dépit des conceptualisons trouvées dans les champs de la philosophie et des autres sciences sociales - a l'images de la psychologique et la psychologies cognitives-, nous présentons ici que les dimensions de l'expérience en marketing. Le Tableau 3 reprend quelques-unes de ces conceptualisations qui sont considérées comme les plus importantes dans la littérature expérientielle. Cette représentation synthétique présente l'intérêt de regrouper des travaux portants sur différents types d'expériences, et notamment des expériences de consommation (Holbrook et Hirschman,1982), de client (Schmitt, 1999), de service (Poulsson et Kale, 2004), de magasinage physique (Terblanche et Boshoff, 2001) et de magasinage virtuel (Pentina, Amialchuk et Taylor, 2011).

Néanmoins, du moment où l'expérience est un vécu du consommateur dans des circonstances très variables, nulle conceptualisation ne peut suffire pour maitriser toutes ses contours. A fortiori, les clients ne reconnaissent que rarement ces designs conceptuels et considèrent l'expérience davantage comme « un sentiment complexe et unique qui est dure à expliquer », en l'occurrence, ils pensent que chaque composant est à peine diffèrent des autres (Gentile et al., 2007). En fait, tout cela traduit le caractère holistique de l'expérience, et force est de constater que l'expérience est holistique et ne peut en aucun cas être réduite à des miettes que l'on appelle dimensions. Un tel traitement ne fait qu'éloigner le chercheur de la vérité sur cette notion. Ainsi, il n'est pas anodin que les consommateurs ne reconnaissent que rarement les conceptualisations retrouvées dans la littérature, puisqu'elle présente l'expérience d'une manière réductionniste.

Dans une perspective purement ontologique (opposée au réductionnisme et à l'atomisme), l'expérience est holistique pour dire qu'elle est ensemble qui est supérieur à la somme de ses parties (Jan Smuts, 1926) et qu'elle commence avant l'acte de consommation et reste en œuvre pendant et après l'acte de consommation. La consommation d'une expérience est un processus (Figure 6 : L'expérience en tant que processus) qui dure jusqu'à le souvenir de l'expérience (Arnould et al. 2004).

2.2. La généalogie de l'expérience : un essai

La figure 12 permet de visualiser l'intérêt que porte la recherche en marketing à la notion de l'expérience et reflète les différents membres de famille de ce concept. En effet, le terme 'expérience de consommation' revêt un caractère hyperonyme et chapeaute toutes les formes d'expérience, et notamment :

1. Les expériences de service (Hui et Bateson, 1991) ;

2. Les expériences de magasinage (Kerin, Jain et Howard, 1992),

3. Les expériences produit (Hoch, 2002) ;

4. Les expériences esthétiques (Joy et Sherry Jr., 2003) ;

5. Les expériences de marque (Brakus, Schmitt et Zarantonello, 2009) ;

6. Les expériences client (Verhoef et al., 2009)

L'expérience de service a été conceptualisée par les travaux de Hui et Bateson (1999) et leur théorie du contrôle perçu et les effets de l'encombrement et du choix du consommateur sur l'expérience de service. Par la suite, les résultats d'une étude examinent l'effet de l'expérience d'achat en magasin sur le prix, la qualité et la perception de la valeur pour le consommateur dans un environnement de vente au détail. Ces résultats suggèrent que l'expérience de magasinage perçue est relativement plus importante que la perception du prix ou de la qualité des marchandises (Kerin, Jain et Howard, 1992).

Tableau 3 : Liste non exhaustive des tentatives de conceptualisation de l'expérience

Auteurs	**Expérience (s) étudié (s)**	**Dimensions identifiées**
Holbrook et Hirschman (1982)	Expérience de consommation	1. Fantaisies ; 2. Feelings ; 3. Fun.
Pine et Gilmore (1999)	Expérience de consommation	1. Divertissement ; 2. Éducation ; 3. Esthétisme ; 4. Évasion
Schmitt (1999)	Expérience client	1. Sensorielle ; 2.Affective ; 3.Créative et cognitive ; 4.Physique : 5.Sociale.
Terblanche et Boshoff (2001)	Expérience de magasinage	1. Interaction avec le personnel ; 2. Éléments physiques ; 3. Variété des produits et de l'assortiment.
Poulsson et Kale (2004)	Expérience de service (Industrie du tourisme)	1. Pertinence personnelle ; 2. Nouveauté ; 3.Surprise ; 4. Apprentissage ; 5. Engagement.
Verhoef et Al. (2009)	Expérience client	1. Cognitive ; 2. Affective ; 3. Émotionnelle ; 4. Sociale ; 5 Physique.
Pentina, Amialchuk et Taylor (2011)	Expérience en ligne	1. Normative ; 2.Hédonique ; 3. Symbolique ; 4. Sociale.

Source : Michaël Flacandji : « Du souvenir de l'expérience à la relation à l'enseigne. Une exploration théorique et méthodologique dans le domaine du commerce de détail. » 2015.

Figure 15 : Synthèse des différentes formes de l'expérience de consommation

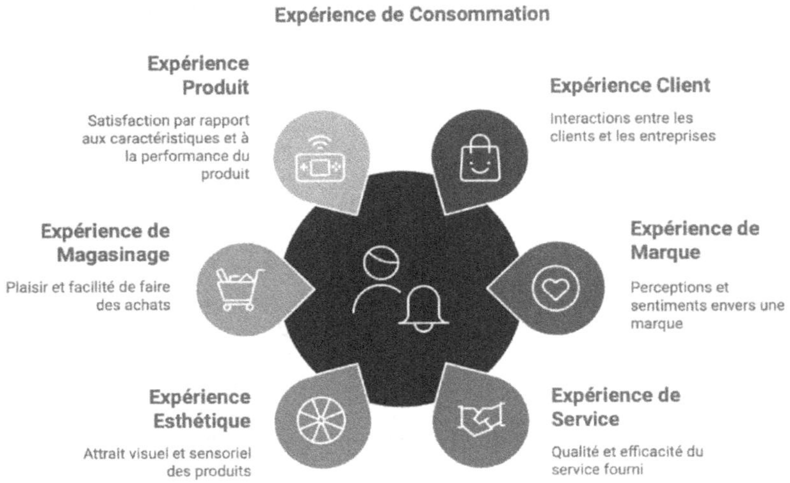

Source : Inspirée de Boudri et Benchekroun, 2019

Stephen J. Hochsur a travaillé sur la « séduisante expérience produit » (Hoch, 2002) à travers laquelle il explique pourquoi cette forme d'expérience incite les consommateurs à croire qu'ils en apprennent plus qu'ils ne le sont réellement. Selon lui, il y a plusieurs raisons à cela :

- Premièrement, l'expérience est plus engageante que la plupart des tentatives d'éducation, à la fois plus vive et intentionnelle, et par conséquent plus mémorable ;
- Deuxièmement, l'expérience est considérée comme non partisane, dépourvue du
- Didactisme de l'éducation formelle et des intérêts égoïstes des annonceurs ;
- Troisièmement, une grande partie de l'expérience est ambiguë, mais non reconnue en tant que telle.

« Parler de l'art en tant qu'imagination incarnée : une approche multi-sensorielle pour comprendre l'expérience esthétique » introduit l'expérience « d'esthétique » (Joy et Sherry Jr., 2003). Cet article, se concentre sur l'expérience somatique - non seulement le processus de pensée corporelle- mais comment le corps informe la logique de la pensée sur l'art. Les auteurs examinent les liens entre l'incarnation, le mouvement et l'expérience multi-sensorielle, dans la mesure où ils aident à élucider les contours de l'appréciation de l'art dans un musée.

L'expérience de marque quant à elle, est abordée par Brakus, Schmitt et Zarantonello, (2009) qui essaient de répondre à un ensemble de questions telles que :

- Qu'est-ce que c'est qu'une expérience de marque ?
- Comment est-elle mesurée ?
- Cela affecte-t-il la fidélité ?

In fine, ils proposent une conceptualisation de l'expérience d'une marque où ils distinguent plusieurs dimensions d'expérience et notamment : sensorielle, affective, intellectuelle et comportementale. Ils proposeront une échelle de mesure fiable et valide de l'expérience de marque qui la distincte des autres mesures de la marque. En l'occurrence, l'échelle de mesure comprend : l'évaluation de la marque, la participation à la marque, l'attachement à la marque, le plaisir du client et la personnalité de la marque. Les résultats suggèrent que l'expérience de la marque influe directement et indirectement sur la satisfaction et la fidélité des consommateurs grâce aux associations de personnalités.

Finalement l'expérience client de Verhoef et al., (2009) qui s cite des exemples d'entreprises de vente au détail, tels que Starbucks et Victoria's Secret, qui ont pour objectif de fournir aux clients une expérience unique sur tous les canaux. Ils proposent un modèle conceptuel dans lequel ils discutent les déterminants de l'expérience client. Les auteurs adoptent explicitement un point de vue dynamique dans lequel ils affirment que les expériences antérieures des clients influenceront leurs expériences futures. Ils discutent également de l'importance de l'environnement social, des technologies en libre-service et de la marque du magasin. La gestion de l'expérience client est également abordée d'un point de vue stratégique en se concentrant sur des questions telles que : comment et dans quelle mesure une entreprise basée sur l'expérience peut-elle créer de la croissance ?

2.3. La réinvention du Marketing : le marketing expérientiel

L'analyse des conditions de proposition d'une offre expérientielle est notamment illustrée par les travaux de Pine et Gilmore (1998, 1999). Leurs travaux ont popularisé dans le monde de l'entreprise un schéma d'évolution en longue période de l'offre économique, cette dernière passe alors par trois étapes avant de devenir une offre expérientielle. Une offre passe par ces étapes en fonction du niveau de prix et de la perception de l'offre (figure 16). Pour qu'une offre soit qualifié d'expérientielle, l'entreprise doive orchestrer des événements mémorables pour leurs clients et que la mémoire elle-même devient le produit : "l'expérience".

Figure 16 : La progression de la valeur économique

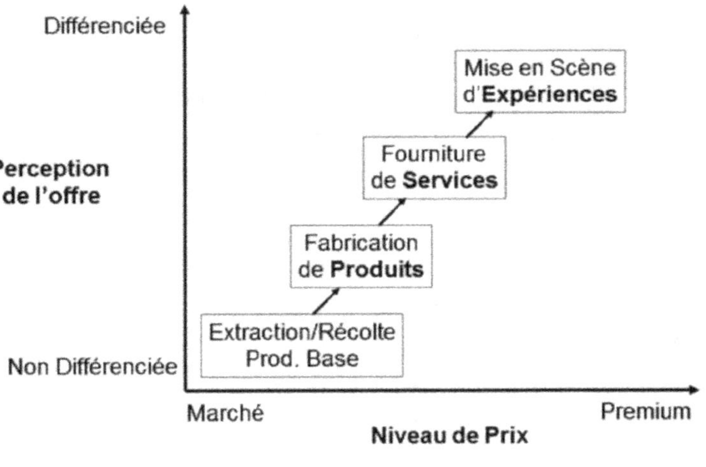

Source: Welcome to the Experience Economy par B. Joseph Pine II and James H. Gilmore HBR 1998

Une expérience plus avancée peut permettre aux entreprises de faire payer la valeur de la "transformation" qu'offre une expérience, par exemple, il a été soutenu que le succès de

Starbucks est basé sur la création d'une expérience client distincte pour leurs clients (Michelli 2007). Par ailleurs, le psychologue Joseph A. Michelli nous parle dans son le bestseller « L'expérience Starbucks : 5 principes pour transformer l'ordinaire en extraordinaire » des éléments clés qui ont fait de Starbucks l'un des récits de croissance de notre époque. Dans ces éléments clés, il décrit comment Starbucks a su faire le passage -selon la figure de progression de la valeur économique - du stade de produit ordinaire de base (le café) au stade produit expérience. Les 5 principes en question sont les suivants :

1. Make it your own (s'approprier) ;
2. Everything matters (tout à de l'importance) ;
3. Surprise and delight (surprenez et ravissez) ;
4. Embrace resistance (faites face à la réticence) ;
5. Leave your mark (laissez votre empreinte).

L'offre de l'expérience a un impact positif sur les résultats de l'entreprise, ainsi, elle améliore la satisfaction de la clientèle, la fidélité et le comportement de bouche à oreille (Pullman et Gross 2004). Par ailleurs, le développement du courant expérientielle en marketing a bénéficié de la réunion de plusieurs facteurs favorables (Fisler 2008), notamment :

- La reconnaissance des limites des modèles de prise de décision du consommateur reposant exclusivement sur des processus cognitifs de comparaison des performances objectives des marques sur des attributs précisément identifiés. Il s'avère en effet nécessaire de prendre en compte des mobiles plus affectifs du comportement (Bourgeon et Filser, 1995) ;

- La prise de conscience du caractère contingent des décisions d'achat et de consommation. Au modèle personne - objet se substitue un modèle personne - objet - situation, qui constitue un cadre bien adapté à la compréhension de l'expérience (Punj et Stewart, 1983) ;

- La remise en cause de la vision étroite de la consommation comme activité de destruction de ressources (la « consommation finale ») au profit d'une reformulation de la consommation comme activité productrice de sens (Firat et Venkatesh, 1995). L'expérience de consommation mobilise à la fois des ressources procurées par le produit ou le service, et des ressources apportées par le consommateur, pour produire une valeur durable.

- L'élargissement du domaine d'action du marketing vers des marchés tels que les loisirs, le tourisme ou les activités culturelles, pour lesquels un renouvellement des modèles explicatifs théoriques et des méthodes empiriques d'investigation étaient nécessaires.

Ainsi, Schmitt (1999) tenta d'explorer la façon dont les entreprises créent un marketing expérientiel en supposant que le sens, le sentiment, la pensée et l'action du client sont liés à une entreprise et à sa marque. Plus tard, Berry, Carbone et Haeckel (2002) ont suggéré que pour que les fournisseurs de services soient compétitifs, leurs services doivent satisfaire et créer des expériences positives pour les clients. Ils peuvent y parvenir en détectant les indices que les clients noteront au cours du processus d'achat. Plus tard, il prend l'initiative pour réinventer à sa manière la démarche marketing classique pour proposer une autre totalement centrée sur l'expérience : le marketing de l'expérience. Selon lui, le marketing de l'expérience est la discipline qui consiste à créer des produits et des services qui tiennent compte de tous les éléments du cadre SEM.

Le marketing expérientiel est né suite aux changements dans le comportement du consommateur qui attend un produit qui réveille ses sentiments, agite son âme et son esprit. Il veut des produits, de la publicité et des entreprises qui s'adressent à lui et correspondent à son style de vie. Le consommateur veut que toutes ces choses augmentent son expérience (Scmitt, 2001). Paul Postma (1999), en examinant la nouvelle ère du marketing liée aux nouvelles technologies, a déclaré ces changements technologiques en cours changer certaines méthodes, mais les besoins personnels sont toujours très immuables. Dans ce sens, les consommateurs ont des inclinations et des caractéristiques spécifiques qui ne changent.

A la différence du marketing traditionnel, le marketing expérientiel, mis l'accent sur l'expérience, qui apparaît lorsque le consommateur se trouve, de gré ou de force, dans une situation déterminée. L'expérience est le résultat de l'âme, de l'esprit et de la stimulation des sens. L'expérience montre les caractéristiques cognitives sensibles et émotionnelles du comportement, des caractères, des points de vue et des valeurs, qui sont égaux aux valeurs fonctionnelles.

SYNTHÈSE CONCLUSIVE

Ce travail s'est donné pour ambition de délimiter les contours du cadre général dans s'inscrit la notion d'expérience de consommation. À travers une exploration approfondie de la littérature existante, nous avons cherché à décrypter l'origine, l'évolution et l'impact de ce concept devenu central dans le domaine du marketing et de la consommation. Cette démarche nous a permis de dégager trois conclusions fondamentales, que nous allons maintenant approfondir.

Notre première conclusion met en lumière l'ancrage de l'expérience marketing dans les bouleversements postmodernes des années 1980. Cette période, marquée par une fragmentation des repères sociaux et une saturation du marché, a engendré un sentiment de désorientation chez le consommateur. Ce désenchantement, qui se manifeste tant au niveau utilitaire (perte dans la fonctionnalité des produits) que symbolique (difficulté à trouver du sens dans la consommation), a poussé le marketing à repenser ses approches. L'analyse des travaux sociologies et marketing de cette époque révèle un consommateur qui ne se satisfait plus des simples performances fonctionnelles des produits. Il cherche un supplément d'âme, une émotion, une histoire qui résonne avec identité et ses aspirations. Cette quête de sens traduit une insatisfaction profonde face à un monde de plus en plus standardisé et impersonnel. La consommation n'est plus seulement un acte d'acquisition de biens et de services, mais devient une expérience à part entière. Face à cette crise de sens, le marketing a réagi en inondant les consommateurs d'émotions. Il ne s'agit plus seulement de vendre un produit, mais de vendre une expérience émotionnelle. Les marques rivalisent d'ingéniosité pour créer des univers sensoriels, des narratifs engageants, des événements mémorables. Cette 'surcharge émotionnelle' vise à combler le vide existentiel du consommateur postmoderne, en lui offrant une forme de réenchantent. La consommation devient alors une source de plaisir, de divertissement, voire, d'épanouissement personnel. Dans ce contexte, le concept d'expérience devient un levier marketing privilégié. Il permet au marques de se différencier, de créer un lien émotionnel avec leurs clients et de générer une fidélité durable. L'expérience n'est plus un simple accessoire, mais un élément constitutif de la proposition de valeur. Ainsi, le marketing expérientiel émerge comme une nouvelle approche, centrée sur la création et la gestion d'expériences mémorables pour le consommateur.

Notre deuxième conclusion met en lumière l'ascension fulgurent de l'expérience de consommation comme concept clé tant dans les cercles académiques que managériaux. Ce concept, initialement apparu comme une réponse aux limites du marketing traditionnel, a su s'imposer comme un outil incontournable pour comprendre le comportement du consommateur et mettre en place des stratégies marketing innovantes. L'adoption de la *Consumer Culture Theory* (CCT) comme cadre théorique a joué un rôle crucial dans le développement de l'étude de l'expérience de consommation. La CCT permet de dépasser les approches traditionnelles du marketing, centrées sur le consommateur rationnel et le produit, pour s'intéresser à la dimension culturelle et expérientielle de la consommation. Elle met en évidence l'influence des contextes sociaux, des identités et des systèmes de valeurs sur la manière dont les individus consomment et vivent leur expérience de consommation. La CCT offre ainsi un cadre analytique plus riche et plus pertinent pour comprendre la complexité de l'expérience de consommation. L'expérience de consommation est devenue un élément central pour expliquer le comportement du consommateur. Les recherches en marketing montrent que les décisions d'achat ne sont pas uniquement basées sur des critère rationnels tels que le prix ou la qualité. Les émotions, les souvenirs, les sensations, l'interaction avec les autres et l'histoire des marques jouent un rôle essentiel dans les choix des consommateurs. Comprendre l'expérience de consommation permet ainsi aux entreprises d'anticiper les besoins de leurs clients et d'adapter leurs offres en conséquence. L'expérience de consommation est de plus en plus considérée comme un vecteur de l'avantage concurrentiel. Dans un marché ou les produits tendent à s'uniformiser, les entreprises doivent se différencier par l'expérience qu'elles proposent. Celles qui réussissent à créer des expériences mémorables et engageantes parviennent à fidéliser leurs clients et à construire une image de marque forte. La mise en place d'une stratégie expérientielle nécessite une compréhension fine des attentes des clients et la capacité à créer une offre sur mesure qui répond à leurs besoins émotionnels et existentiels.

Enfin, notre troisième conclusion souligne que l'expérience de consommation est une notion générique qui englobe une multitude d'expériences spécifiques. Que ce soit l'expérience en magasin physique, l'expérience en ligne, ou d'autres types d'expériences, toutes ont leur propre dynamique et impact sur le consommateur. Cette conclusion met également en lumière les défis posés par la mise en œuvre d'un marketing expérientiel, notamment en termes de viabilités financière. La notion d'expérience de consommation est. Une sorte de parapluie qui abrite des formes d'expériences multiples. L'expérience en magasin, par exemple, se caractérise par des interactions directes avec le produit et le personnel, des ambiances sensorielles et un contact physique. L'expérience en ligne, elle, mise sur l'accessibilité, la personnalisation et la commodité. D'autres formes d'expériences émergent, comme les expériences immersives (réalité virtuelle, réalité augmentée), les expériences participatives (co-création, communautés de marques) et les expériences sociales (partage, influence). Chaque type d'expérience a ses propres spécificités et requiert une approche marketing adaptée. Le marketing expérientiel est devenu omniprésent dans l'univers des marques et son déploiement à grande échelle pose des défis de cohérence et de pérennité économique pour les entreprises. L'investissement dans l'expérience peut s'avérer très couteux et il est parfois difficile d'en mesurer le retour sur investissement. Les entreprises sont donc confrontées à un double défi : celui de créer des expériences mémorables et engageantes, tout en assurant leur viabilité financière.

La recherche d'un équilibre entre la créativité et la rentabilité constitue un enjeu majeur pour les marques souhaitant exploiter pleinement le potentiel du marketing expérientiel. De plus, il est essentiel pour les entreprises d'aligner leurs efforts d'expérientiel avec leur identité de marque pour assurer une expérience cohérente pour le consommateur. En somme, cette diversité d'expériences souligne l'importance pour les entreprises de développer une compréhension approfondie des contextes et des besoins des consommateurs afin de proposer des expériences pertinentes et efficaces.

Ces trois conclusions, bien que distinctes, sont intrinsèquement liées et dessinent un tableau cohérent de l'évolution de la pensée autour de la consommation et de l'expérience client. Elles nous révèlent que l'expérience de consommation n'est pas un simple effet de mode, mais bien une réponse à des transformations sociétales profondes, une nécessité pour les marques souhaitant se démarquer, et une réalité multidimensionnelle. Au-delà de ces conclusions fondamentales, notre étude ouvre des perspectives cruciales pour la pratique managériale. En effet, la prolifération d'expériences variées soulève la question de leur cohérence et de leur impact réel sur la relation client. Les entreprises sont désormais confrontées au défi de créer des expériences authentiques et alignées sur leur identité de marque. L'approche expérientielle ne doit pas être une simple juxtaposition d'actions marketing ponctuelles, mais une philosophie globale qui imprègne tous les aspects de l'entreprise, du produit au service client, en passant par la communication. L'enjeu est de construire un écosystème expérientiel cohérent, où chaque interaction avec la marque contribue à renforcer le lien émotionnel avec le consommateur.

Cette synthèse nous invite à dépasser une vision fragmentée de la consommation et à embrasser une approche plus holistique. Il ne s'agit plus seulement d'étudier les motivations d'achat, mais de comprendre l'ensemble du parcours expérientiel du consommateur. Cela implique d'intégrer les dimensions sensorielles, émotionnelles, sociales et cognitives de l'expérience.

Les entreprises doivent se doter d'outils et de méthodes capables de mesurer et d'analyser l'impact de ces dimensions sur la satisfaction et la fidélisation des clients.

Enfin, ce travail soulève plusieurs pistes pour de futures recherches. Il serait pertinent d'approfondir l'étude des spécificités de chaque type d'expérience de consommation, en tenant compte des particularités des secteurs d'activité et des contextes culturels. Il serait également intéressant d'explorer les enjeux éthiques et sociétaux du marketing expérientiel, notamment en ce qui concerne la manipulation des émotions et la surconsommation. L'étude des impacts des nouvelles technologies sur l'expérience de consommation, en particulier l'intelligence artificielle et la réalité virtuelle, ouvre également des perspectives de recherche prometteuses.

En conclusion, ce livre a exploré les fondements de l'expérience client, révélant son importance cruciale dans le paysage contemporain de la consommation. De son émergence dans les années postmodernes à son rôle central dans la stratégie des marques, l'expérience est devenue un facteur clé de différenciation et de fidélisation. Nous espérons que ce travail fournira aux lecteurs une compréhension approfondie de cette notion complexe et les aidera à mettre en place des approches marketing plus humaines et plus efficaces. Ce livre n'est pas une fin, mais plutôt une invitation à continuer à penser, à analyser et à vivre l'expérience de consommation dans toute sa richesse et sa complexité. Car en définitive, c'est dans la compréhension de l'expérience de nos clients que réside la clé du succès. L'aventure ne fait que commencer.

RÉFÉRENCES BIBLIOGRAPHIQUES

-Abélès, M. 2008. « Michel Foucault, l'anthropologie et la question du pouvoir », L'Homme. *Revue française d'anthropologie* 105–122.

-Abrahams, R. D. 1986. *Ordinary and extraordinary experience.* In V. Turner & E. Bruner (Eds.), *The Anthropology of Experience* (pp. 45–72). Urbana: University of Illinois Press.

-Addis, M., Holbrook, M.B., 2001. On the conceptual link between mass customisation and experiential consumption: an explosion of subjectivity. *Journal of Consumer Behaviour* 1, 50–66.

-Addis, M., Podestà, S., 2005. Long life to marketing research: a postmodern view. *European Journal of Marketing*. 39, 386–412.

-Agosto, D.E., Hughes-Hassell, S., 2006. Toward a model of the everyday life information needs of urban teenagers, Part 2: Empirical model. *Journal of the American Society for Information Science and Technology* 57, 1418–1426.

-Allen, D. E. 2002. Toward a theory of consumer choice as sociohistorically shaped practical experience: The fits-like-a-glove (FLAG) framework. *Journal of Consumer Research,* 28(4), 515–532. https://doi.org/[doi]

-Alvin Toffler. 1970. *Future Shock.* Literary Guild edition. ed. Bantam Books.

-Antéblian, B., Filser, M., Roederer, C., 2013. L'expérience du consommateur dans le commerce de détail. Une revue de littérature. *Recherche et Applications en Marketing* (French Edition) 28, 84–113.

-Antéblian, B., Filser, M., & Roederer, C. 2013. Consumption experience in retail environments: A literature review. *Recherche et Applications en Marketing.* 28(3), 84–113. https://doi.org/10.1177/2051570713505473

-Arndt, J., 1985. On Making Marketing Science More Scientific: Role of Orientations, Paradigms, Metaphors, and Puzzle Solving. *Journal of Marketing* 49, 11–23.

-Arnould, E. J., & Price, L. L. 1993. River magic: Extraordinary experience and the extended service encounter, *Journal of Consumer Research*. 20(1), 24–45. https://doi.org/10.1086/209331

-Arnould, E. J., & Thompson, C. J. 2005. Consumer culture theory (CCT): Twenty years of research. *Journal of Consumer Research*, 31(4), 868–882. https://doi.org/[doi]

-Arnould, E. J., Price, L. L., & Zinkhan, G. M. 2002. *Consumers*. McGraw-Hill Education.

-Arnould, E.J., Price, L.L. 1993. River Magic: Extraordinary Experience and the Extended Service Encounter. *Journal of Consumer Research* 20, 24–45.

-Arnould, E.J., Price, L.L. 2006. Market-Oriented Ethnography Revisited. *Journal of Advertising Research* 46, 251–262.

-Arnould, E.J., Thompson, C.J. 2005. Consumer Culture Theory (CCT): Twenty Years of Research. *Journal of Consumer Research* 31, 868–882.

-Badot Olivier, Cova Bernard, 2003. Néo-marketing, 10 ans après : pour une théorie critique de la consommation et du marketing réenchantés. *Revue Française du Marketing* 79–94.

-Badot, O., Lemoine, J.-F. 2013. Du paradigme dichotomique de l'expérience d'achat au paradigme ubiquitaire. *Recherche et Applications en Marketing* (French Edition) 28, 3– 13.

-Badot, O., Lemoine, J.-F. 2015. Élargissement des principes de l'attractivité commerciale à ceux de l'attractivité touristique : le cas de La Vallée Village à Marne-la-Vallée. *Management & Avenir* 77, 187–203.

-Bagozzi, R.P., Gopinath, M., Nyer, P.U. 1999. The Role of Emotions in Marketing: *Journal of the Academy of Marketing Science* 27.

-Bardhi, F., Eckhardt, G.M. 2017. Liquid Consumption. *Journal of Consumer Research* 44, 582–597.

-Baudrillard, J. 1970. *La société de consommation : Ses mythes, ses structures*. Paris : Denoël.

-Bauman, Z. 1998. *La société de consommation comme spectacle* (p. 125). Paris: Éditions du

-Bauman, Z. 1999. *Modernité et ambivalence* (p. 124). Paris : Aubier.Seuil.

-Belk, R. W. 1986. Situational factors and consumer behavior. *Journal of Consumer Research,* 2(3), 157–164. https://doi.org/10.1086/208882

-Belk, R.W., Wallendorf, M., Sherry, J.F., Jr., 1989. The Sacred and the Profane in Consumer Behavior: Theodicy on the Odyssey. *Journal of Consumer Research* 16, 1–38.

-Berry, L. L., Carbone, L. P., & Haeckel, S. H. 2002. Managing the total customer experience. *MIT Sloan Management Review,* 43(3), 85–89.

-Berry, L. L., Carbone, L. P., & Haeckel, S. H. 2002. Managing the total customer experience. *MIT Sloan Management Review,* 43(3), 85–89.

-Bettman, J. R. 1979. *An information processing theory of consumer choice.* Addison-Wesley.

-Bettman, J.R., Zins, M.A., 1979. Information Format and Choice Task Effects in Decision Making. *Journal of Consumer Research* 6, 141–153.

-Bill Xu, J., Chan, A., 2010. A conceptual framework of hotel experience and customer-based brand equity: Some research questions and implications. International. *Journal of Contemporary Hospitality Management* 22, 174–193.

-Bonnefoy-Claudet, L., 2011. *Les effets de la thématisation du lieu sur l'expérience vécue par le consommateur : une double approche cognitive et expérientielle* (Thèse de doctorat). Grenoble.

-Bonnin, G., 2000. *L'experience de magasinage : conceptualisation et exploration des roles du comportement physique et de l'aménagement de l'espace* (Thèse de doctorat). Dijon.

-Bourgeon D, Filser M, 1993. *Les apports du modèle expérientiel à l'analyse du comportement dans le domaine culturel : une exploration conceptuelle et méthodologique*. Presented at the Congrès International de l'Association Française du Marketing, Paris France.

-Bourgeon, D. 1994. La décision d'achat du consommateur : Analyse par la théorie du comportement planifié. *Recherche et Applications en Marketing*, 9(4), 3–20.

-Bourgeon, D., & Filser, M. 1995. La perception du risque dans les décisions d'achat : Une application au comportement du consommateur. *Décisions Marketing*, 5, 7–18.

-Bourgeon, D., & Filser, M. 1995. L'implication dans le comportement du consommateur: Proposition d'un cadre conceptuel. *Recherche et Applications en Marketing*, 10(3), 77–94.

-Bourgeon, D., Debenedetti, S., Gombault, A., & Petr, C. 2009. Les expériences de consommation : Problématiques et perspectives. *Recherche et Applications en Marketing*, 24(3), 79–96.

-Bourgeon, D., Filser, M., 1995. Les apports du modèle de recherches d'expériences à l'analyse du comportement dans le domaine culturel : Une exploration conceptuelle et méthodologique. *Recherche et Applications en Marketing* (French Edition) 10, 5–25.

-Bourgeon, R., & Filser, M. 1995. Le marketing expérientiel : Une approche de la consommation fondée sur l'expérience. *Revue Française du Marketing*, 146(3), 29-44.

-Bourgeon-Renault, D., Jarrier, E. 2018. Marketing expérientiel et hyperréalité dans le domaine du tourisme culturel. *Mondes du Tourisme.*

-Brakus, J. J., Schmitt, B. H., & Zarantonello, L. 2009. Brand experience: What is it? How is it measured? Does it affect loyalty? *Journal of Marketing*, 73(3), 52–68.

-Brakus, J. J., Schmitt, B. H., & Zarantonello, L. 2009. Brand experience: What is it? How is it measured? Does it affect loyalty? *Journal of Marketing*, 73(3), 52–68.

-Brakus, J.J., Schmitt, B.H., Zarantonello, L., 2009. Brand Experience: What is It? How is it Measured? Does it Affect Loyalty? *Journal of Marketing* 73, 52–68.

-Brown, S. 1995. *Postmodern marketing*. London: Routledge.

-Bruner, P.E.M., 1986. *The Anthropology of Experience*. University of Illinois Press.

-Buchli, V., 2004. *Material Culture: Critical Concepts in the Social Sciences*. Taylor & Francis.

-Bughin, J., Zeebroeck, N.V., 2017. The Best Response to Digital Disruption. *MIT Sloan Management Review* 58, 80–86.

-Bujang, S., Abdullah, F., Hamali, J., 2021. Developing a Customer Experience Rating for the Banking Sector. *JOAMS* 9, 64–71.

-Calder, B.J., Tybout, A.M., 1987. What Consumer Research Is... *Journal of Consumer Research* 14, 136–140.

-Carù Antonella, Cova Bernard. 2006. Expériences de consommation et marketing expérientiel - ProQuest. *Revue Française de Gestion* 32, 99–113.

-Carù, A., Caru, A., Cova, B. 2007. *Consuming Experience*. Routledge.

-Carù, A., Cova, B. 2003. Revisiting Consumption Experience: A More Humble but Complete View of the Concept. *Marketing Theory* 3, 267–286.

-Carù, A., Cova, B. 2006. Consumption experiences and experience based marketing. *Revue francaise de gestion* 162, 99–113.

-Carù, A., & Cova, B. 2002. Revisiter l'expérience de consommation: Une contribution à l'étude des expériences extraordinaires. *Décisions Marketing*, 28, 57–66.

-Carù, A., & Cova, B. 2006. How to facilitate immersion in a consumption experience: Appropriation operations and service elements. *Journal of Consumer Behaviour*, 5(1), 4–14.

-Carù, A., & Cova, B. 2006. How to facilitate immersion in a consumption experience: Appropriation operations and service elements. *Journal of Consumer Behaviour*, 5(1), 4–14.

-Carù, A., & Cova, B. 2006. How to facilitate immersion in a consumption experience: Appropriation operations and service elements. *Journal of Consumer Behaviour*, 5(1), 4–14.

-Chakor, A., & Aït Boubkr, R. 2009. Marketing sensoriel: État de l'art et perspectives. *Revue Marocaine de Recherche en Management et Marketing*, 1, 1–17.

-Chakor, A., Boubkr, A.A. 2009. Le marketing expérientiel, une nouvelle démarche pour une valorisation de l'expérience de consommation : cas du centre commercial Mega Mall. *Revue Marocaine de Recherche en Management et Marketing* 99–118.

-Chaney, D. 2016. *Lifestyle marketing: Reaching the new consumer.* Oxford: Oxford University Press.

-Charfi, A.A. 2012. *L'expérience d'immersion en ligne dans les environnements marchands de réalité virtuelle.* Paris Dauphine.

-Cochoy, F. 1999. *Les usages de la consommation : L'approche ethnographique et interprétative.* L'Harmattan.

-Cohen, B., Evers, S., Manske, S., Bercovitz, K., Edward, H.G. 2003. Smoking, Physical Activity and Breakfast Consumption Among Secondary School Students in a Southwestern Ontario Community. *Can J Public Health* 94, 41–44.

-Cohen, J. B., & Areni, C. S. 1991. *Affect and consumer behavior.* In T. S. Robertson & H. H. Kassarjian (Eds.), Handbook of consumer behavior (pp. 188–240). Prentice-Hall.

-Cova, B., & Cova, V. 2001. Tribal aspects of postmodern consumption research: The case of French and Italian youth. *Journal of Consumer Behaviour*, 1(1), 67–76.

-Cova, B., & Cova, V. 2004. The Tribalisation of society and its impact on the conduct of marketing. *European Journal of Marketing*, 38(5/6), 595–620.

-Cova, B., & Cova, V. 2009. Les figures du nouveau consommateur: Une approche socio-culturelle du marché. *Revue Française de Gestion*, 35(190), 241–254.

-Cova, B., Cova, V. 2001. Tribal aspects of postmodern consumption research: the case of French in-line roller skaters. *Journal of Consumer Behaviour* 1, 67–76.

-Cristel, A., & Levy, S. J. 2011. Consumer behavior and symbolism: A reflective review. *Journal of Marketing Management*, 27(3–4), 257–275.

-Csikszentmihalyi, M. 1977. *Beyond boredom and anxiety: Experiencing flow in work and play*. San Francisco, CA: Jossey-Bass.

-Csikszentmihalyi, M. 1990. *Flow: The psychology of optimal experience*. New York: Harper & Row.

-Csikszentmihalyi, M. 2006. Creativity: *Flow and the psychology of discovery and invention* (2nd ed.). New York: Harper Perennial.

-D, Miller. 1987. *Extracts from material culture and mass consumption, in: Material Culture: Critical Concepts in the Social Sciences*. Taylor & Francis, pp. 85–108, 109–130.

-Debove, S. 2015. *La psychologie évolutionniste : Une nouvelle approche de l'esprit humain*. Paris : CNRS Éditions.

-Decrop, A. 2008. *Les comportements des consommateurs : Une approche multidisciplinaire*. Bruxelles : De Boeck Supérieur.

-Denzin, N. K. 1984. *On understanding emotion*. San Francisco, CA: Jossey-Bass.

-Denzin, N. K. 1989. *Interpretive biography*. Newbury Park, CA: Sage.

-Denzin, N. K. 1990. *The research act: A theoretical introduction to sociological methods* (3rd ed.). Englewood Cliffs, NJ: Prentice Hall.

-Denzin, N. K. 1992. *Symbolic interactionism and cultural studies: The politics of interpretation*. Cambridge: Blackwell.

-Desjeux, D. 2006. *Les approches sur la consommation : De l'économie à l'histoire*. Presses Universitaires de France.

-Dholakia, R.R., Zhao, M., Dholakia, N. 2005. Multichannel retailing: A case study of early experiences. *Journal of Interactive Marketing* 19, 63–74.

-Dubuisson-Quellier, S., Plessz, M., 2013. La théorie des pratiques. *Sociologie* 4.

-Eliade, M. 1956. *Le mythe de l'éternel retour : Archétypes et répétition*. Paris: Gallimard.

-Elliott, R., Wattanasuwan, K. 1998. Consumption and the Symbolic Project of the Self. *Advances in Consumer Research, European Advances* 3, 17–20.

-Evans, D., Jackson, T., n.d. Sustainable Consumption: Perspectives from Social and Cultural Theory. *Sustainable Consumption* 22.

-Featherstone, M. 1991. *Consumer culture and postmodernism.* Sage Publications.

-Filser, M. 1993. *Le comportement du consommateur*. Paris : Dalloz.

-Filser, M. (2002). Le marketing de la production d'expérience: Statut théorique et implications managériales. *Décisions Marketing*, 28, 13–22.

-Filser, M. 2008. Le marketing de la production d'expériences : Statut théorique et implications managériales. *Décisions Marketing*, 52(4), 13–22.

-FILSER, M. 2002. LE MARKETING DE LA PRODUCTION D'EXPÉRIENCE : Statut théorique et implications managériales. *Décisions Marketing* 13–22.

-Firat, A. F., & Venkatesh, A. 1995. Liberatory postmodernism and the re-enchantment of consumption. *Journal of Consumer Research*, 22(3), 239–267

-Firat, A.F., Venkatesh, A. 1995. Liberatory Postmodernism and the Reenchantment of Consumption. *Journal of Consumer Research* 22, 239–267.

-Flacandji, M. 2015. Une approche expérientielle et mémorielle des comportements de consommation: Propositions conceptuelles et empiriques. *Recherche et Applications en Marketing*, 30(3), 82–102.

-Flacandji, M. 2015. Une approche expérientielle et mémorielle des comportements de consommation: Propositions conceptuelles et empiriques. *Recherche et Applications en Marketing*, 30(3), 82–102.
-Flacandji, M. 2015. Vécus et mémorisation de l'expérience de consommation : une application aux événements culturels. *Recherche et Applications en Marketing*, 30(1), 57–76.

-Frow, P., & Payne, A. 2007. Customer relationship management: A strategic approach. *Journal of Marketing Management*, 23(1-2), 1-20.

-Fuat Firat, A., Dholakia, N., Venkatesh, A. 1995. Marketing in a postmodern world. European *Journal of Marketing* 29, 40–56.

-Gabriel, Y., & Lang, T. 1995. *The unmanageable consumer: Contemporary consumption and its fragmentations.* Sage Publications.

-Gauchet, M. 2015. *La démocratie contre elle-même : Histoire de la politique.* Paris: Gallimard.

-Gentile, C., Spiller, N., & Noci, G. 2007. How to sustain the customer experience: An overview of experience components that co-create value with the customer. *European Management Journal*, 25(5), 395–410.

-Graillot, G. 1998. *Comportement du consommateur et stratégies de communication*. Paris: Éditions Economica.

-Gronow, J. 2003. *The Sociology of Consumption* (p. 125). London: Routledge.

-Grove, S. J., Fisk, R. P., & Bitner, M. J. 1992. Dramatising the service experience: A managerial approach. *Advances in Services Marketing and Management*, 1, 91–121.

-Grove, S. J., Fisk, R. P., & John, J. 1998. *Services as theatre: Guidelines and implications*. Handbook of Services Marketing and Management (pp. 21–35). SAGE Publications.

-Grönroos, C. 1997. Keynote paper From marketing mix to relationship marketing - towards a paradigm shift in marketing. *Management Decision* 35, 322–339.

-Grundey, D. 2008. Experiential marketing vs. traditional marketing: Creating rational and emotional liaisons with consumers. *The Romanian Economic Journal*, 11(29), 133–151.

-Guillaud, F. 2005. *La psychologie du consommateur : De la compréhension du client à l'action marketing*. Paris: Dunod.

-Gummesson, E. 1997. Relationship marketing as a paradigm shift: some conclusions from the 30R approach. *Management Decision* 35, 267–272.

-Hannerz, U. 1992. *Cultural complexity: Studies in the social organization of meaning*. New York: Columbia University Press.

-Hetzel, P. 2002. Le marketing de l'expérience. *Revue Française du Marketing*, 181(3), 37-49.

-Hirschman, E. C., & Holbrook, M. B. 1981. Symbolic consumer behavior: An introduction. *Symbolic Consumer Behavior*, 7(1), 1–11.

-Hoch, S. J. 2002. Product experience is seductive. *Journal of Consumer Research*, 29(3), 448–454.

-Hoch, S. J. 2002. Product experience is seductive. *Journal of Consumer Research*, 29(3), 448–454.

-Holbrook, M. B. 1997. Romanticism and self-reliance in consumer behavior: Poetry, possibilities, and solitude. *Advances in Consumer Research*, 24, 23–33.

-Holbrook, M. B. 2000. *Consumer research: A historical perspective*. In S. Ratneshwar & D. G. Mick (Eds.), The Why of Consumption (pp. 56-72). Routledge.

-Holbrook, M. B., & Hirschman, E. C. 1980. The experiential aspects of consumption: Consumer fantasies, feelings, and fun. *Journal of Consumer Research*, 7(2), 132–140.

-Holbrook, M. B., & Hirschman, E. C. 1982. The experiential aspects of consumption: Consumer fantasies, feelings, and fun. *Journal of Consumer Research*, 9(2), 132–140.

-Holbrook, M. B., & Hirschman, E. C. 1982. The semiotics of consumption: Interpreting symbolic consumer behavior in popular culture and works of art. *Journal of Consumer Research*, 9(1), 84–95.

-Holt, D. B. 2004. *How brands become icons: The principles of cultural branding*. Harvard Business Review Press.

-Hughes, G. D. 1974. *Explorations in consumer behavior*. East Lansing, MI: Michigan State University Press.

-Hui, M. K., & Bateson, J. E. G. 1991. Perceived control and the effects of crowding and consumer choice on the service experience. *Journal of Consumer Research*, 18(2), 174–184.

-Hui, M. K., & Bateson, J. E. G. 1991. Perceived control and the effects of crowding and consumer choice on the service experience. *Journal of Consumer Research*, 18(2), 174–184.

-Ismail, A. R., Melewar, T. C., Lim, L., & Woodside, A. 2011. Customer experiences with brands: Literature review and research directions. *The Marketing Review*, 11(3), 205–225.

-Jarrier, E. 2010. Les expériences esthétiques dans la consommation culturelle : Une approche phénoménologique. *Recherche et Applications en Marketing*, 25(4), 63–85.

-Jencks, C. 1987. *The language of post-modern architecture* (6th ed.). London: Academy Editions.

-Joy, A., & Sherry Jr., J. F. 2003. Speaking of art as embodied imagination: A multisensory approach to understanding aesthetic experience. *Journal of Consumer Research*, 30(2), 259–282.

-Joy, A., & Sherry, J. F., Jr. 2003. Speaking of art as embodied imagination: A multisensory approach to understanding aesthetic experience. *Journal of Consumer Research*, 30(2), 259–282.

-Kerin, R. A., Jain, A., & Howard, D. J. 1992. Store shopping experience and consumer price-quality-value perceptions. *Journal of Retailing*, 68(4), 376–397.

-Kerin, R. A., Jain, A., & Howard, D. J. 1992. Store shopping experience and consumer price-quality-value perceptions. *Journal of Retailing*, 68(4), 376–397.

-Kim, J. H. 2014. The antecedents of memorable tourism experiences: The development of a scale to measure the destination attributes associated with memorable experiences. *Tourism Management*, 44, 34–45.

-Kozinets, R. V. 2001. Utopian enterprise: Articulating the meanings of Star Trek's culture -of consumption. *Journal of Consumer Research*, 28(1), 67–88.

-Kwortnik, R. J., & Ross, W. T. 2007. The role of positive emotions in experiential decisions. International *Journal of Research in Marketing*, 24(4), 324–335.

-Lang, A., Dolan, R., Kemper, J. A., & Northey, G. 2020. Prosumers in times of crisis: definition, archetypes and implications. *Journal of Service Management*, ahead-of-print.

-Lilien, G. L., & Kotler, P. 1983. *Marketing decision making: A model-building approach*. New York: Harper & Row.

-Lipovetsky, G. 2006. *Le bonheur paradoxal* : Essai sur la société d'hyperconsommation. Paris: Gallimard.

-Littler, D., Tynan, C. 2005. Where are we and where are we going? The status and future of research in marketing. European *Journal of Marketing* 39, 261–271.

-MacInnes, J., & Folkes, V. S. 2010. Role of consumption in self-concept construction. *Journal of Consumer Research*, 36(3), 445–462.

-Maffesoli, M. 1990. *Le temps des tribus: Le déclin de l'individualisme dans les sociétés de masse*. Paris: La Table Ronde.

-Maffesoli, M. 2000. *Le temps des tribus : Le déclin de l'individualisme dans les sociétés de masse*. Paris : L'archipel.

-Marion, G. 2001. Consommation et postmodernité : Vers une nouvelle théorie de la consommation. *Revue Française de Gestion,* 27(136), 93–109.

-Maslow, A. H. 1968. *Toward a Psychology of Being* (2nd ed.). Van Nostrand.

-McHale, B. 1987. *Postmodernist fiction*. New York: Routledge.

-Michelli, J. A. 2007. *The Starbucks Experience: 5 Principles for Turning Ordinary Into Extraordinary*. McGraw-Hill.

-Miller, D. 1995. *A theory of shopping*. Cambridge: Polity Press.

-Mossberg, L. 2007. A marketing approach to the tourist experience. *Scandinavian Journal of Hospitality and Tourism,* 7(1), 59–74.

-Novalis. (1797). *Fragmente und Studien*. In F. Schlegel (Ed.), Schriften. Berlin: Walter de Gruyter.

-Oh, H., Fiore, A. M., & Jeoung, M. 2007. Measuring experience economy concepts: Tourism applications. *Journal of Travel Research,* 46(2), 119–132.

-Olsson, A. K., Therkelsen, A., & Mossberg, L. 2012. Capturing experiences: A context-specific framework for measuring tourist experiences. *Scandinavian Journal of Hospitality and Tourism,* 12(1), 54–73.

-Pentina, I., Amialchuk, A., & Taylor, D. G. 2011. Exploring effects of online shopping experiences on browser satisfaction and e-tail performance. *International Journal of Retail & Distribution Management,* 39(10), 742–758.

-Pentina, I., Amialchuk, A., & Taylor, D. G. 2011. Exploring effects of online shopping experiences on browser satisfaction and e-tail performance. *International Journal of Retail & Distribution Management,* 39(10), 742–758.

-Pine, B. J., & Gilmore, J. H. 1998. *Welcome to the experience economy*. Harvard Business Review, 76(4), 97–105.

-Pine, B. J., & Gilmore, J. H. 1999. *The Experience Economy: Work Is Theatre & Every Business a Stage*. Harvard Business School Press.

-Porter, M. E. 1985. *Competitive Advantage: Creating and Sustaining Superior Performance*. Free Press.

-Postma, P. 1999. The experience economy: A new perspective on the value of services. *International Journal of Service Industry Management*, 10(1), 71–82.

-Poulsson, S. H. G., & Kale, S. H. 2004. The experience economy and commercial experiences. *The Marketing Review*, 4(3), 267–277.

-Poulsson, S. H. G., & Kale, S. H. 2004. The experience economy and commercial experiences. *The Marketing Review*, 4(3), 267–277.

-Pras, B. 1999. *Le comportement du consommateur*. Paris : Vuibert.

-Pullman, M. E., & Gross, M. A. 2004. Ability of experience design elements to elicit emotions and loyalty behaviors. *Decision Sciences*, 35(3), 551–578.

-Punj, G., & Stewart, D. 1983. Cluster analysis in marketing research: Review and suggestions for application. *Journal of Marketing Research*, 20(2), 134-148.

-Punj, G., & Stewart, D. W. 1983. Cluster analysis in marketing research: Review and suggestions for application. *Journal of Marketing Research*, 20(2), 134–148.

-Ritzer, G. 1993. *The McDonaldization of society*. Pine Forge Press.

-Ritzer, G. 1995. *Expressing America: A critique of the global credit card society*. Pine Forge Press.

-Ritzer, G. 1999. *Enlightened consumption*. Pine Forge Press.

-Ritzer, G. 1999. *The McDonaldization of society: An investigation into the changing character of contemporary social life*. Thousand Oaks, CA: Pine Forge Press.

-Ritzer, G., & Jurgenson, N. 2010. Production, consumption, prosumption: The nature of capitalism in the age of the digital "prosumer." *Journal of Consumer Culture*, 10(1), 13–36.

-Roederer, C. 2012. Jeux de rôles et théâtralité dans l'expérience de consommation: Une modélisation en termes de pratiques de co-production de la valeur. *Recherche et Applications en Marketing*, 27(2), 45–63.

-Saad, G. 2007. *The evolutionary bases of consumption* (Marketing and Consumer Psychology Series). Mahwah, NJ: Lawrence Erlbaum Associates.

-Schmitt, B. 1999. Experiential marketing. *Journal of Marketing Management*, 15(1–3), 53–67.

-Schmitt, B. 1999. *Experiential Marketing: How to Get Customers to Sense, Feel, Think, Act, and Relate to Your Company and Brands*. Free Press.

-Schmitt, B. H. 2001. *Experiential Marketing: A New Framework for Design and Innovation*. Free Press.

-Sheth, J.N., Sisodia, R. 2006. *Does Marketing Need Reform? Fresh Perspectives on the Future.* M.E. Sharpe.

-Siomkos, G. 2004. *Consumer behavior: An evolutionary psychology perspective.* New York: Routledge.

-Slater, D. 1997. *Consumer culture and modernity*. Polity Press.

-Smuts, J. C. 1926. *Holism and Evolution*. Macmillan.

-Taylor, F. W. 1911. *The principles of scientific management*. New York: Harper & Brothers.

-Terblanche, N. S., & Boshoff, C. 2001. Measuring customer satisfaction with some of the controllable elements of the total retail experience: An exploratory study. *South African Journal of Business Management*, 32(2), 35–41.

-Vargo, S. L., & Lusch, R. F. 2008. Service-dominant logic: Continuing the evolution. *Journal of the Academy of Marketing Science*, 36(1), 1–10.

-Vargo, S.L., Lusch, R.F., 2004. The Four Service Marketing Myths: Remnants of a Goods- Based, Manufacturing Model. *Journal of Service Research* 6, 324–335.

-Verhoef, P. C., Lemon, K. N., Parasuraman, A., Roggeveen, A., Tsiros, M., & Schlesinger, L. A. 2009. Customer experience creation: Determinants, dynamics and management strategies. *Journal of Retailing*, 85(1), 31–41.

-Volle, P. 2002. *Le marketing : Une perspective stratégique*. Paris : Vuibert.

-Vézina, R. 1999. Le rôle des émotions dans les décisions de consommation: Une revue des écrits. *Revue Française du Marketing*, 172, 21–35.

-Weber, M. 2010. *L'éthique protestante et l'esprit du capitalisme* (p. 117). Plon/Pocket.

-Wilhite, H., Lutzenhiser, L., 1999. Social Loading and Sustainable Consumption. *Advances in Consumer Research* 26, 281–287.

-Zelizer, V. A. (2006). *The purchase of intimacy*. Princeton University Press.

Table des matières

Structures éditoriales du groupe L'Harmattan

L'Harmattan Italie
Via degli Artisti, 15
10124 Torino
harmattan.italia@gmail.com

L'Harmattan Hongrie
Kossuth l. u. 14-16.
1053 Budapest
harmattan@harmattan.hu

L'Harmattan Sénégal
10 VDN SICAP AMITIE 3
BP 45034 Dakar-Fann
direction@senharmattan.com

L'Harmattan Cameroun
Tsinga/Derrière polyclinique FECAFOOT
BP 11486 Yaoundé
Jacques.koukam@harmattan.fr

L'Harmattan Burkina Faso
Villa 281, secteur 23 623, rue 14.32
Ouagadougou
zagbie@outlook.fr

L'Harmattan Guinée
Almamya, rue KA 028 OKB Agency
BP 3470 Conakry
harmattanguinee@yahoo.fr

L'Harmattan RDC
185, avenue Nyangwe
Commune de Lingwala – Kinshasa
matangilamusadila@yahoo.fr

L'Harmattan Congo
219, avenue Nelson Mandela
BP 2874 Brazzaville
deunovmikhael@gmail.com

L'Harmattan Mali
Immeuble Mgr Jean Marie Cissé
Aci Hamadallaye
BP 145 Bamako
syllaka@yahoo.fr

L'Harmattan Togo
Djidjole – Maison Amela
face EPP BATOME
02 BP 20680 Lomé
didieramela11@gmail.com

L'Harmattan Côte d'Ivoire
Résidence Karl – Cité des Arts
Abidjan-Cocody
03 BP 1588 Abidjan
harmattan.ivoire@gmail.com

L'Harmattan Bénin
Rue 604, (Immeuble à l'entrée
de la rue UCAO- Cite de Saint-Jean)
Cotonou
stepcorpus@gmail.com

Nos librairies en France

Librairie internationale
16, rue des Écoles
75005 Paris
librairie.internationale@harmattan.fr
01 40 46 79 11
www.librairieharmattan.com

Librairie des savoirs
21, rue des Écoles
75005 Paris
librairie.sh@harmattan.fr
01 46 34 13 71
www.librairieharmattansh.com

www.ingramcontent.com/pod-product-compliance
Lightning Source LLC
LaVergne TN
LVHW051405061026
849535LV00009B/3365